Administração e meio ambiente

SÉRIE ADMINISTRAÇÃO EMPRESARIAL

Rosane Regina Pilger

Administração e meio ambiente

EDITORA intersaberes

Rua Clara Vendramin, 58 . Mossunguê
CEP 81200-170 . Curitiba . PR . Brasil
Fone: (41) 2106-4170
www.intersaberes.com
editora@editoraintersaberes.com.br

CONSELHO EDITORIAL
Dr. Ivo José Both (presidente)
Dr.ª Elena Godoy
Dr. Nelson Luís Dias
Dr. Neri dos Santos
Dr. Ulf Gregor Baranow

EDITORA-CHEFE
Lindsay Azambuja

SUPERVISORA EDITORIAL
Ariadne Nunes Wenger

ANALISTA EDITORIAL
Ariel Martins

PROJETO GRÁFICO
Raphael Bernadelli

CAPA
Adoro Design

FOTOGRAFIA DA CAPA
Yuri Arcurs/PantherMedia

1ª edição, 2013.
Foi feito o depósito legal.

Informamos que é de inteira responsabilidade da autora a emissão de conceitos.

Nenhuma parte desta publicação poderá ser reproduzida por qualquer meio ou forma sem a prévia autorização da Editora InterSaberes.

A violação dos direitos autorais é crime estabelecido na Lei nº 9.610/1998 e punido pelo art. 184 do Código Penal.

Dados Internacionais de Catalogação na Publicação (CIP)
(Câmara Brasileira do Livro, SP, Brasil)

Pilger, Rosana Regina
    Administração e meio ambiente/Rosana Regina Pilger. – Curitiba: InterSaberes, 2013. – (Série Administração Empresarial).

    Bibliografia.
    ISBN 978-85-8212-432-1

    1. Administração de empresas – Aspectos ambientais 2. Desenvolvimento sustentável 3. Gestão ambiental 4. Meio ambiente 5. Política ambiental 6. Proteção ambiental – Administração 7. Responsabilidade social das organizações I. Título. II. Série.

12-15396   CDD-658.408

Índices para catálogo sistemático:
    1. Gestão ambiental e responsabilidade social: Empresas: Administração 658.408

Sumário

Apresentação, IX

(1) A evolução histórica da questão ambiental, 11
- 1.1 O homem e a natureza, 13
- 1.2 O processo de urbanização, 15
- 1.3 A industrialização e o meio ambiente, 15
- 1.4 As lições do passado, 17
- 1.5 A contaminação do meio ambiente, 18

(2) O despertar da consciência ecológica, 23

    2.1 O início do despertar, 25

    2.2 Fatos que ocorreram na década de 1970, 26

    2.3 Fatos que ocorreram na década de 1980, 28

    2.4 Fatos que ocorreram na década de 1990 e início do século XXI, 29

    2.5 A consciência ambiental: o papel das organizações não governamentais (ONGs), 30

    2.6 A educação ambiental, 30

(3) O aquecimento global e a poluição das águas, 37

    3.1 O efeito estufa, 39

    3.2 A importância da camada de ozônio, 44

    3.3 As águas do planeta Terra, 45

(4) O desenvolvimento sustentável como novo paradigma, 51

    4.1 A ecologia na economia, 53

    4.2 Definição de sustentabilidade pela Comissão Brundtland, 54

    4.3 A sustentabilidade de três pilares, 55

    4.4 Reestruturação da economia, 59

    4.5 O papel das empresas no desenvolvimento sustentável, 60

(5) Políticas públicas ambientais, 65

    5.1 Instrumentos da política pública ambiental, 67

    5.2 Política pública ambiental brasileira, 72

    5.3 Instrumentos da Política Nacional do Meio Ambiente, 75

(6) As empresas, o meio ambiente e a sociedade, 79

    6.1 As empresas e o meio ambiente, 81

    6.2 As empresas e a sociedade, 83

    6.3 Fatores que influenciam as empresas, 83

    6.4 A resposta das empresas, 86

    6.5 Estímulos para adoção de métodos de gestão ambiental, 87

(7) Gestão ambiental empresarial, 93

    7.1 Fundamentos básicos da gestão ambiental, 95

    7.2 Modelos de gestão ambiental, 100

    7.3 Comparativo entre alguns modelos de gestão ambiental, 104

(**8**) Sistemas de gestão ambiental, 107

    8.1 Modelos de sistemas de gestão ambiental, 109

    8.2 Norma ISO 14001:2004, 111

    8.3 Certificação do sistema de gestão ambiental, 123

(**9**) Auditorias ambientais, 127

    9.1 Origem das auditorias ambientais, 129

    9.2 Tipos de auditorias ambientais, 130

    9.3 Auditoria do sistema de gestão ambiental conforme ISO 19011:2002, 132

(**10**) Estudo de impacto ambiental, 141

    10.1 Definições, 143

    10.2 Licenciamento ambiental, 145

    10.3 Conteúdo do estudo de impacto ambiental (EIA), 149

    10.4 Responsabilidades de elaboração do EIA, 150

    10.5 Relatório de impacto ambiental (Rima), 150

    10.6 Divulgação do EIA/Rima, 151

Referências, 153

Gabarito, 156

Apresentação

A preocupação com o meio ambiente, mesmo parecendo ser recente, é um assunto que remonta ao início do século XX; no entanto, foi nas últimas três décadas que despertou a atenção da sociedade e dos governos em virtude dos efeitos visíveis de desequilíbrio da natureza. As empresas consideradas símbolos de progresso e de grandeza passaram a ser vistas como as grandes vilãs. Somente diante das pressões das políticas públicas, da sociedade e de organizações não governamentais as empresas passaram a se preocupar em transformar essas questões em práticas administrativas e operacionais.

O governo tem um importante papel na implantação dessas práticas e na busca pelo desenvolvimento sustentável: é responsável pela criação de leis, normas e mecanismos de fiscalização que estabeleçam critérios ambientais, os quais devem ser seguidos por todos, em especial pelas organizações privadas que, nos seus processos de produção de bens e serviços, empregam recursos naturais e produzem resíduos poluentes.

Com a globalização, é possível ver que o problema ambiental não se restringe a alguns países ou regiões; seus efeitos atravessam fronteiras, pois trata-se de um problema mundial, e as empresas estão no centro desse processo.

Os temas deste livro, portanto, são abordados de modo a termos uma compreensão sobre os fatos que nos levaram ao estágio de degradação, escassez de recursos naturais, desequilíbrio geral do meio ambiente, bem como o papel das empresas nesse contexto.

No primeiro capítulo, apresentaremos a evolução do homem e o seu domínio sobre a natureza, alterando-a e, ao longo da história, destruindo-a. No segundo capítulo, veremos que o ser humano, depois de um grande avanço tecnológico, começou a despertar para os males que ele próprio sofre em recompensa por sua busca incessante de bem-estar. Tiveram início, então, os grandes movimentos ecológicos e governamentais, com o objetivo de estudar quais as reais causas desse processo de depredação ambiental e buscar soluções para conter os abusos de devastação e a contaminação das indústrias no meio ambiente.

No terceiro capítulo, abordaremos o aquecimento global e as suas consequências. Veremos a importância da camada de ozônio e as condições das nossas águas.

O quarto capítulo explicará o que é o desenvolvimento sustentável e a importância de uma mudança de paradigma no conceito de economia vista pela maioria dos empresários como obtenção de resultados financeiros sem levar em conta o meio ambiente e a responsabilidade social que lhes cabe.

Mesmo com a pressão da comunidade, são as leis públicas que fazem com que as organizações controlem suas emissões de poluentes na natureza e o uso dos recursos naturais, portanto, no quinto capítulo, trataremos dos instrumentos da política pública ambiental e dos mecanismos de incentivo para que as organizações se adéquem a ela. Por conseguinte, a resposta que a empresa dá à sociedade e quais os estímulos que ela recebe serão abordados no sexto capítulo.

O sétimo capítulo tratará dos vários modelos de gestão ambiental e suas aplicações. Já no oitavo capítulo serão vistos os sistemas de gestão ambiental (SGA), entre eles a ISO 14001:2004.

Para finalizar, o nono capítulo tratará das auditorias dos sistemas de gestão ambiental, em especial a ISO 19011:2002, complementado com o décimo capítulo, que aborda o estudo do impacto ambiental, a emissão de relatórios e o licenciamento ambiental.

(1)

A evolução histórica
da questão ambiental

Rosane Regina Pilger é bacharel em Administração, especialista em Gestão da Qualidade e Formação Pedagógica e mestre em Engenharia do Meio Ambiente, todos pela Universidade Luterana do Brasil (Ulbra), "campus" Canoas. A temática do mestrado consistiu em um plano de gerenciamento de resíduos de serviços de saúde (PGRSS) para o hospital veterinário da Ulbra. Além do trabalho como docente, atuou durante 3 anos na indústria química, 16 na indústria de papel e celulose e mais 4 anos no comércio e serviços, na área de gestão de processos e qualidade.

Neste capítulo, trataremos do relacionamento do homem com o meio ambiente ao longo de sua evolução e das consequências do desenvolvimento tecnológico para a natureza nos últimos 200 anos.

(1.1) O homem e a natureza

O ser humano, conforme Dias (2006, p. 1), possui uma capacidade de se adaptar ao ambiente natural maior que qualquer outra espécie, devido à sua característica de construir seu próprio espaço para viver modificando seu ambiente natural. No período da pré-história, o homem vivia em constante estado de luta e defesa pela sobrevivência contra os animais que lhe eram superiores em força e contra as alterações climáticas da natureza.

Com o passar do tempo, o homem aprendeu a superar essas dificuldades desenvolvendo ferramentas que multiplicavam sua força e, ao mesmo tempo, descobriu que, se vivesse mais facilmente em grupos, superaria as adversidades. Dias (2006, p. 2) salienta que essa superação afetou de maneira significativa a natureza durante esse período, pois mostrou a importante diferença entre o ser humano e os outros animais. Suas ações eram primeiramente concebidas pelo pensamento, em forma de planejamento, e depois em ações. Ainda segundo Dias (2006, p. 3), desse modo se desenvolveu um processo de organização do trabalho e, por conseguinte, a distribuição de tarefas. Com esse desenvolvimento, o ser humano passou a fazer tudo que outros animais faziam, porém de uma maneira melhor. Construiu abrigos melhores do que outras espécies, aperfeiçoou métodos de caça e pesca, superou os animais mais ferozes, passando a ser o predador mais temido. Com isso, sua intervenção na natureza aumentou de forma gradativa e acumulativa.

Até 10 mil anos atrás, o homem vivia da caça e da coleta de grãos e frutos. Depois, ele aprendeu a plantar grãos selecionados e a criar animais, dando um salto na história de sua evolução, passando a se fixar em locais e a se organizar como sociedade. Dias (2006, p. 3) comenta que foi a primeira grande Revolução Científico-Tecnológica (revolução agrícola) que provocou grandes impactos ambientais, devido ao aumento da capacidade produtiva humana.

Com o desenvolvimento das sociedades e das técnicas de plantio, a produtividade aumentou, criando excedentes que podiam ser armazenados, o que possibilitou a complexidade das funções e o surgimento de novos ofícios, aumentando a divisão do trabalho. O homem começou a exigir uma melhor qualidade de vida em detrimento do mundo natural.

De acordo com Dias (2006, p. 4), com o crescimento das aldeias e o surgimento de cidades, o homem precisou ocupar mais espaços naturais, bem como para o atendimento de seus anseios de conforto e de poder, que só poderiam ser realizados com a degradação da natureza. Dessa forma, foram construídos monumentos colossais, como as pirâmides; florestas foram devastadas para atender a construções de casas e cursos de rios foram alterados para atender às necessidades do crescimento das cidades. Na mesma proporção em que os homens se desenvolviam em sociedade, crescia a importância do elemento econômico como um fator crucial para novas conquistas. Muitas guerras ocorreram motivadas pelo fator econômico e, independentemente dos resultados, todas contribuíram para a degradação da natureza.

(1.2) O processo de urbanização

Com o domínio da agricultura, o homem deixou de ser nômade e passou a ser sedentário. Como sua produção de grãos precisava ser armazenada, surgiram os silos e, com a abundância de alimentos, a concentração de pessoas em determinados lugares passou a aumentar. Para a proteção da criação de animais domésticos, as terras precisavam ser protegidas, surgindo as propriedades privadas e concentrações de pessoas em determinados núcleos. As organizações começaram a ficar mais complexas e com isso avançaram na alteração do meio ambiente ao seu redor. Conforme Dias (2006, p. 5), na região em que hoje está o Iraque houve as primeiras grandes concentrações humanas e ocorreram as primeiras extinções de animais de grande porte, porque eram uma ameaça ao homem. A Babilônia, na Mesopotâmia, tem sua obra conhecida até hoje: foi a primeira a recriar de forma artificial um ambiente natural, os Jardins Suspensos da Babilônia.

Os romanos, na Antiguidade, foram os que mais criaram espaços urbanos. A cidade de Roma chegou a ter uma população de mais de um milhão de habitantes e, por conseguinte, foi a que mais contribuiu para diminuir a diversidade. De acordo com Dias (2006, p. 6), os romanos foram responsáveis pela extinção do leão do atlas, que tinha seu *habitat* no norte da África; por ter uma juba preta, esse animal tornou-se uma grande atração nas arenas existentes em várias cidades.

Dias (2006, p. 5) nos conta que, com a degradação contínua do ambiente natural e as concentrações urbanas, o homem começou criar um ambiente propício para ele. No entanto, alguns organismos que existiam no ambiente natural se adaptaram também a esse ambiente recriado pelo ser humano e, de forma descontrolada, surgiram pragas e micro-organismos que transmitem doenças. Assim nasceram as epidemias, que assolaram as cidades durante séculos. Existem registros de que, na Idade Média, as epidemias provocaram a morte de milhões de pessoas.

(1.3) A industrialização e o meio ambiente

Foi no século XVIII, com a Revolução Industrial, na Inglaterra, que ocorreu a segunda Revolução Científica-Tecnológica. O surgimento da máquina a vapor deu ao homem uma nova perspectiva de produção, isto é, o que antes era feito de maneira artesanal, exigindo muito esforço físico e demora, passou a ser feito por máquinas, aumentando de forma exponencial a produtividade e viabilizando a criação de novos produtos até então não imaginados. Com isso teve início o uso intensivo de recursos naturais. E, quanto maior o aperfeiçoamento dos processos, maior o consumo de recursos naturais e as mudanças de hábitos, fator que impulsionou o crescimento demográfico.

A Revolução Industrial começou na Inglaterra, mas foi difundida rapidamente para outros países, os quais viram nessa descoberta a possibilidade de maior geração de riquezas, prosperidade e bem-estar. De acordo com Dias (2006, p. 5), com a urbanização na Inglaterra, as cidades foram crescendo de forma descontrolada. Há registros de que, em 1850, existiam mais pessoas nas cidades que nos campos; no entanto, em muitas delas não havia estrutura para manter esse contingente, como fornecimento de água, esgotos sanitários e espaços abertos, além da extensa fumaça que pairava sobre as cidades. As consequências não demoraram a aparecer, houve epidemias de cólera, febre tifoide e outras doenças infecciosas. Pelos dados existentes, na primeira metade do século XIX, a cada duas crianças que nasciam na Inglaterra, uma morria antes de completar 5 anos.

A necessidade de maior área agrícola para atender à demanda, de madeira para o carvão vegetal e para a construção de moradias e a grande exploração de minérios fizeram com que no século XIX e em boa parte do XX os recursos naturais fossem explorados como se fossem ilimitados. O desmatamento descontrolado, principalmente na Europa, praticamente dissipou com suas florestas, gerando problemas no meio ambiente percebidos até hoje.

Após a Segunda Guerra Mundial (1939-1945), os países mais industrializados (os que faziam parte da Europa Ocidental, Estados Unidos, Canadá e Japão) que tiveram participação na guerra direcionaram-se, durante duas décadas, à reconstrução e ao fortalecimento de suas economias. Isso estabeleceu para seus povos um padrão de vida nunca antes alcançado, com liberdade política, acesso generalizado à educação, ampla seguridade social, grande capacidade de renda e de consumo, tudo simultaneamente – um fenômeno sem paralelo na história e ao mesmo tempo um contraste com o resto da humanidade. Conforme Dias (2006), o resultado foi que, de 1950 até 2000, utilizaram-se mais recursos naturais para a fabricação de bens que em toda a história da humanidade.

Em resumo, o surgimento da industrialização gerou vários problemas ambientais, tais como:

- alta concentração populacional;
- consumo excessivo de recursos naturais, sendo alguns não renováveis (petróleo e carvão mineral);
- devastação das florestas, gerando extinção de várias espécies da flora e da fauna;
- contaminação do ar, do solo e das águas.

(1.4) As lições do passado

Brown (2003, p. 15) faz uma analogia da nossa civilização com outras que existiram no passado, mas que não resistiram e sucumbiram. O que aconteceu com elas?

A primeira a ser analisada foi antiga civilização suméria, na baixada central do Rio Eufrates[a], que outrora foi a base da civilização urbana e culta mais antiga do mundo, cuja existência data aproximadamente do ano 4000 a.C. Esse povo desenvolveu um sistema de irrigação invejável, o qual permitiu que sua agricultura se desenvolvesse com uma produção além das suas necessidades, possibilitando que as cidades se formassem e crescessem. Esse sistema exigiu uma organização muito sofisticada e complexa, no entanto, existia uma falha ambiental que viria a ruir a economia agrícola. Conforme explica Brown (2003, p. 15), a água das barragens era desviada para a terra. Uma parte era utilizada pela agricultura, outra evaporava na atmosfera e a terceira infiltrava-se no solo. Com o passar dos anos, essa infiltração elevou o lençol freático até a superfície. A grande falha dos sumérios foi não prever a necessidade de drenagem da água que se infiltrava para baixo. Por consequência da evaporação da água do lençol freático, a concentração de sal no solo prejudicou o plantio do trigo. A alternativa que os sumérios encontraram foi cultivar a cevada, no entanto, o problema se repetiu, ou seja, a concentração aumentou a um limite que não permitia mais essa cultura, minando a base econômica dessa civilização.

O segundo exemplo citado por Brown (2003, p. 16) é a civilização maia, que se localizava onde hoje é a Guatemala. O desaparecimento dessa civilização também está ligado à redução de suprimentos de alimentos provocados pelo desmatamento e pela erosão do solo, que prejudicaram a agricultura. Tudo indica que, com a falta de alimentos, surgiram os conflitos entre as diversas cidades maias e a degeneração destas.

O terceiro e último exemplo de Brown (2003, p. 16) foi uma comunidade que existiu na Ilha de Páscoa, no Pacífico Sul, em torno de 400 d.C. Essa ilha tinha uma terra muito fértil, com árvores de 25 metros de altura e 2 metros de diâmetro. Pelas pesquisas arqueológicas, a alimentação desse povo vinha basicamente do mar, sendo os golfinhos a fonte principal de comida. Para realizar a pesca em alto-mar, eram necessárias canoas grandes, o que não era problema, já que as árvores da ilha eram enormes. Por vários séculos, essa civilização cresceu e

---

a. É um dos rios que formam a Mesopotâmia, juntamente com o Rio Tigre, onde hoje se encontra o atual Iraque.

prosperou, chegando a ter, conforme os arqueólogos, aproximadamente, 20 mil habitantes. No entanto, à medida que aumentava a população, também aumentavam as derrubadas de árvores, até o ponto em que não havia mais árvores do tamanho necessário para a construção das grandes e resistentes canoas, o que diminuiu o acesso aos golfinhos e, por consequência, diminuiu a quantidade de alimentos. Foram encontradas ossadas de golfinhos misturados com ossadas humanas, o que levantou a suspeita de que essa civilização passou a praticar o canibalismo. Atualmente, essa ilha é habitada por cerca de 2 mil pessoas.

Analisando essas três civilizações, percebemos que nenhuma teve a preocupação de criar um sistema sustentável. Elas simplesmente exploraram a natureza até o seu esgotamento e, por isso, entraram em declínio. Brown (2003, p. 16) chama nossa atenção quanto aos rumos que nossa civilização segue com a liberação desenfreada do dióxido de carbono (CO_2), por meio do uso de combustível fóssil, somada ao crescimento acelerado do número de pessoas, bem como à diminuição dos lençóis freáticos e ao aumento da desertificação, fatores que indicam que futuramente também teremos sérios problemas de abastecimento. No entanto, essas três civilizações não imaginavam a existência de outros continentes nem de outras civilizações, isto é, entraram em colapso sozinhas. Porém, hoje, a humanidade tem uma economia globalizada, em que todos os povos estão, de certa forma, interligados. Com as informações *on-line*, estas são transmitidas no momento em que acontecem. Portanto, acompanhando toda esta devastação do planeta, a questão que fica é:

"POR QUE O HOMEM DE HOJE, COM TODA A SUA TECNOLOGIA, INFORMAÇÃO E EXEMPLOS DE CIVILIZAÇÕES ANTERIORES, CAMINHA PARA O MESMO FIM?"

(1.5) A contaminação do meio ambiente

Como já citamos no início deste capítulo, nada se compara ao que ocorreu no século XX, quando as cidades cresceram enormemente em decorrência da industrialização e as fábricas passaram a poluir os locais em que se instalavam. Depois da criação do automóvel movido a motor de combustão de derivados de petróleo, os efeitos nocivos ao meio ambiente aumentaram catastroficamente. Conforme Dias (2006, p. 7), grandes acidentes industriais chamaram a atenção da opinião pública sobre os perigos do uso indiscriminado dos recursos naturais e as consequências para os descasos da destinação dos resíduos gerados pelo processo de industrialização. Não havia até então um controle efetivo sobre a quantidade e também não eram de conhecimento público os efeitos de muitos dos resíduos expostos na natureza, como a contaminação do ar, gerando a chuva ácida, as alterações climáticas, a contaminação dos rios, dos lençóis freáticos e do solo com metais pesados e resíduos tóxicos.

Houve graves acidentes industriais no século XX que causaram muitas mortes e danos ao meio ambiente. No Quadro 1.1, estão listados alguns desastres ambientais envolvendo empresas que tiveram maior repercussão mundial e na mídia.

Quadro 1.1 - Principais acidentes ambientais no século XX no mundo

Ano	Descrição
1947	Navio carregado de nitrato de amônia explode no Porto Texas, causando mais de 500 mortes e deixando 3 mil feridos.
1956	Contaminação da Baía de Minamata, Japão. Foram registrados casos de disfunções neurológicas em famílias de pescadores, bem como em gatos e aves. A contaminação acontecia desde 1939 devido a uma companhia química instalada às margens da baía. Moradores morreram devido às altas concentrações de mercúrio, que causavam a chamada *doença de Minamata*.
1966	Na cidade de Feyzin, França, um vazamento de GLP causou a morte de 18 pessoas e deixou 65 intoxicadas.
1976	No dia 10 de julho, em Seveso, cidade italiana perto de Milão, a fábrica Hoffmann-La Roche liberou uma densa nuvem de um desfolhante conhecido como *agente laranja*, que, entre outras substâncias, continha dioxina, altamente venenosa. Em torno de 733 famílias foram retiradas da região.
1978	Na cidade de San Carlos, Espanha, um caminhão-tanque carregado de propano explodiu causando 216 mortes e deixando mais de 200 feridos.
1984	No dia 2 dezembro, um vazamento de 25 toneladas de isocianato de metila, ocorrido em Bhopal, Índia, causou a morte de 3 mil pessoas e a intoxicação de mais de 200 mil. O acidente foi causado pelo vazamento do gás de fábrica da Union Carbide.

(continua)

(Quadro 1.1 – conclusão)

Ano	Descrição
1986	No dia 26 de abril, um acidente na usina de Chernobyl, na antiga União das Repúblicas Socialistas Soviéticas (URSS), causado pelo desligamento do sistema de refrigeração com o reator ainda em funcionamento, provocou um incêndio que durou uma semana, lançando na atmosfera um volume de radiação cerca de 30 vezes maior que o da bomba atômica de Hiroshima. A radiação espalhou-se, atingindo vários países europeus e até o mesmo o Japão.
1986	Em Basileia, Suíça, após um incêndio em uma indústria foram derramadas 30 toneladas de pesticidas no Rio Reno, causando a mortandade de peixes ao longo de 193 km.
1989	No Alasca, em 24 de março, o navio-tanque Exxon-Valdez encalhou em um recife no Canal de Prince William. O impacto provocou o dano no casco e com isso 44 milhões de litros de petróleo vazaram e se espalharam por 260 km², atingindo ilhas e praias. Essa região era o lar de uma grande diversidade de vida silvestre e a contaminação matou milhares de peixes, baleias e leões-marinhos entre outros.

Fonte: Dias, 2006.

No Brasil, uma das mais graves contaminações de águas ocorreu, segundo o relatório "O estado real das águas do Brasil" (CNBB, 2009) – elaborado pela Defensoria das Águas –, no Aterro Mantovani, município de Santo Antonio de Posse, região metropolitana de Campinas (SP), onde mais de 50 indústrias multinacionais despejaram mais de 500 mil toneladas de material tóxico, entre os anos de 1973 e 1987, contaminando rios e pessoas.

Esse mesmo relatório revelou que a contaminação das águas no Brasil vem avançando. Nos últimos dez anos, a poluição QUINTUPLICOU em rios, lagos e lagoas. De acordo com o relatório, as fontes mais representativas de contaminação são:

- a agroindústria e a indústria, por meio dos despejos de material tóxico;
- os resíduos urbanos e rurais, que aumentam a matéria orgânica nas águas;
- os lixões localizados próximos às margens dos rios, que liberam o chorume (resultado da decomposição de materiais orgânicos), com o agravante do despejo de resíduos infectantes oriundos dos serviços de saúde.

(.) Ponto final

Neste capítulo, vimos como o homem aprendeu a sobreviver na natureza, a dominá-la e a utilizá-la de acordo com seus propósitos. Dentro de sua evolução, o marco foi o advento da Revolução Industrial, a qual gerou a explosão demográfica nas cidades, o aumento do poder econômico e as mudanças de hábitos voltados para o comodismo e consumismo. Essa evolução foi acompanhada de devastações dos recursos naturais e emissões de poluentes que estão se voltando contra o próprio ser humano.

Indicação cultural

A fim de complementar o nosso estudo e com a intenção de levá-lo a uma reflexão sobre o desenvolvimento da economia e seu papel importante no meio ambiente, sugerimos a leitura do livro:

BROWN, L. R. *Ecoeconomia*: construindo uma economia para a terra. Salvador: UMA, 2003.

Atividade

1. Analise as sentenças a seguir e, em seguida, assinale a resposta correta:
    I. A primeira Revolução Científico-Tecnológica foi a Revolução Industrial.
    II. Foi a Revolução Industrial que desencadeou o uso intensivo de recursos naturais.
    III. Os registros mostram que, em 1850, na Inglaterra, havia mais pessoas no campo que nas cidades.
    IV. O século XX foi marcado não só pelo rápido crescimento, mas também pelos acidentes industriais que causaram muitas mortes e danos ao meio ambiente.
    V. Uma das mais graves contaminações das águas brasileiras foi o caso no Aterro Montovani em São Paulo.

    a. Somente I, II e III estão corretas.
    b. Somente II, IV e V estão corretas.
    c. Somente I, III e IV estão corretas.
    d. Todas estão corretas.
    e. Nenhuma das alternativas está correta.

(2)

O despertar da consciência ecológica

Este capítulo aborda as últimas décadas do século XX, quando a sociedade começou a perceber o preço que está pagando em nome do progresso, por meio da poluição gerada sem controle e do uso desenfreado dos recursos naturais. Também veremos os movimentos governamentais que ocorreram pelo mundo para estudar, entender e tentar conter esses problemas.

(2.1) O início do despertar

A década de 1960 foi o marco que deu início aos debates sobre a necessidade de mudança da relação do homem com a natureza. Tiveram início as contextualizações sobre a importância do gerenciamento ambiental, para garantir à geração presente e às gerações futuras a possibilidade de se desenvolverem.

No ano de 1962, a bióloga Rachel Carson, que trabalhou durante 17 anos no Departamento de Caça e da Vida Selvagem dos Estados Unidos, publicou o livro *Primavera silenciosa (Silent spring)*, no qual denunciava o uso abusivo do dicloro difenil tricloroetano (DDT), um agrotóxico que, além de acarretar sérios riscos de câncer e de outras doenças, danificaria a terra a tal ponto que a primavera seria sem o canto dos pássaros, pois teriam sido exterminados pelo uso do inseticida amplamente utilizado para proteger a colheita contra os insetos.

De acordo com Dias (2006, p. 13), a publicação deste livro soou como um alerta a todos os países. Nos anos seguintes, foram realizados vários estudos e análises dos efeitos dessa substância. Foram encontrados resíduos do inseticida em pinguins e ursos polares do Ártico e em baleias na Groenlândia. Depois da forte oposição dos agricultores às denúncias feitas no livro, o DDT teve sua utilização proibida nos Estados Unidos. O livro ajudou a abrir espaços para o movimento ambientalista que se seguiu, não apenas com ações isoladas, mas também por meio de grandes acontecimentos.

Em abril de 1968, em Roma, Itália, houve um encontro de 30 especialistas de vários países para a realização de estudos e análises da situação dos recursos naturais do planeta, ocasião em que surgiu o Clube de Roma. De acordo com Dias (2006, p. 14), em setembro desse mesmo ano, a Organização das Nações Unidas para a Educação, a Ciência e a Cultura (Unesco) promoveu em Paris, França, uma conferência sobre a conservação e o uso racional dos recursos da biosfera e estabeleceu o lançamento para o ano de 1971 do Programa Homem e a Biosfera (Programme on Man and the Biosphere – MAB), do qual falaremos a seguir. Também em 1968, a Assembleia das Nações Unidas decidiu realizar uma conferência mundial sobre o meio ambiente humano, em Estocolmo, Suécia, em 1972. Esses encontros foram fundamentais para delinear uma estratégia de enfrentamento dos problemas ambientais na década de 1970.

(2.2) Fatos que ocorreram na década de 1970

Na conferência de Paris, em novembro de 1971, patrocinada pela Unesco, foi lançado o MAB. Esse programa tem como objetivo um trabalho de cooperação científica internacional para estudos sobre o homem, o seu meio e as possíveis soluções para combater os efeitos dos processos de degradação ambiental. Por meio desse programa, levantou-se a necessidade da criação de áreas de conservação, chamadas de *reservas da Biosfera ao redor do mundo*. Segundo Dias (2006, p. 15), o Brasil aderiu ao programa MAB em 1974, e das 482 reservas da biosfera existentes no mundo, o país atualmente possui seis, que são: Reserva da Biosfera da

Mata Atlântica, Reserva da Biosfera do Cinturão Verde de São Paulo, Reserva da Biosfera do Cerrado, Reserva da Biosfera do Pantanal, Reserva da Biosfera da Caatinga e a Reserva da Biosfera da Amazônia Central.

Em 1972, o Clube de Roma apresentou o resultado dos seus estudos no relatório intitulado "Limites do crescimento". A conclusão desse estudo é de que com o ritmo que a humanidade caminha é prevista uma escassez de recursos naturais e níveis de poluição perigosos até o ano de 2100. Meadows et al., citados por Dias (2006, p. 15), expõem claramente:

> *Se mantiverem as atuais tendências de crescimento da população mundial, industrialização, contaminação ambiental, produção de alimentos e esgotamento dos recursos, este planeta alcançará os limites de seu crescimento no curso dos próximos cem anos. O resultado mais provável será o súbito e incontrolável declínio tanto da população como da capacidade industrial.*

Chamado por muitos de alarmista, esse relatório atingiu muitos governos, além de diversas organizações internacionais, desencadeando um movimento sobre as questões ambientais tanto na exploração quanto no esgotamento dos recursos naturais, e também nos efluentes e rejeitos.

Segundo Dias (2006, p. 15), o documento também indicava caminhos a percorrer em busca de um sistema sustentável capaz de satisfazer as necessidades básicas de todos os habitantes de forma equilibrada, utilizando alternativas criadas em uma terra finita, levando em consideração não somente valores humanos atuais, mas também as gerações futuras.

Como previsto em 1968, em 1972 foi realizada a Conferência das Nações Unidas sobre Meio Ambiente Humano, em Estocolmo, Suécia, com o objetivo de influenciar e orientar o mundo na preservação e melhoria do ambiente humano. O resultado desse encontro foi uma Declaração e um Plano de ação para o meio ambiente humano com 109 recomendações e a criação do Programa das Nações Unidas sobre o Meio Ambiente (Pnuma).

Mesmo que a conferência não tivesse como objetivo a discussão sobre o desenvolvimento, ocorreu um fórum de debates com diversas opiniões sobre o tema. Conforme Dias (2006, p. 16), países desenvolvidos apresentaram propostas para a delimitação de crescimento para os países em desenvolvimento, justificando o interesse em preservar os recursos naturais que ainda existem. Em resposta à proposta, os países em desenvolvimento alegaram que isso nada mais era que uma desculpa das grandes potências para conter o crescimento industrial dos países em desenvolvimento. Estava levantada não mais só a questão de objeção de sistemas políticos (comunismo e capitalismo), mas também a oposição de países ricos e pobres em que a questão é a exploração dos recursos naturais e a redistribuição da renda no planeta.

Esse encontro foi um marco na história do meio ambiente e, desde então, no dia 5 de junho passou-se a comemorar o "Dia Mundial do Meio Ambiente". Tanto a conferência de Estocolmo como o relatório do Clube de Roma foram responsáveis por um desencadeamento de ações normativas-institucionais dentro da Organização das Nações Unidas (ONU), bem como em estados nacionais, com a criação de ministérios, agências e outras organizações responsáveis pelo meio ambiente e a criação de legislações ambientais.

Dias (2006, p. 18) ainda comenta que as reflexões ocorridas em Estocolmo resultaram também, ao longo da década de 1970, em vários acordos e conferências internacionais, como:

- Convenção sobre o Comércio Internacional de Espécies Ameaçadas da Fauna e Flora Silvestres (1973);
- Convenção Internacional para a Prevenção da Poluição pelos Navios (1973);
- Conferência Alimentar Mundial (1974);
- Convenção sobre a Proteção da natureza no Pacífico Sul (1976);
- Conferência das Nações Unidas sobre a Água (1977);
- Conferência das Nações Unidas sobre a Desertificação (1977);
- Conferência Mundial sobre o Clima (1978);
- Convenção sobre a Conservação das espécies migrantes pertencentes à fauna selvagem (1979);
- Convenção sobre a Conservação da Fauna e da Flora Marítimas da Antártida (1980).

(2.3) Fatos que ocorreram na década de 1980

Nessa década, o marco foi a criação, por meio da Assembleia Geral da ONU, em 1983, da Comissão Mundial para o Meio Ambiente e o Desenvolvimento (CMMAD).

Essa comissão foi presidida pela então primeira-ministra da Noruega, Gro Harlem Brundtland, que solicitou à comissão um trabalho que consistia em uma "agenda global de mudança". Dias (2006, p. 18) aponta que entre os itens solicitados estavam:

- propostas de estratégias para viabilizar o desenvolvimento sustentável a começar por volta do ano de 2000;
- propostas por parte dos países desenvolvidos de ajuda na área ambiental dos países em vários estágios de desenvolvimento econômico e social a fim de atingir objetivos comuns, como inter-relações pessoais, recursos, meio ambiente e desenvolvimento;

- apresentar uma agenda em longo prazo a ser posta em prática nos próximos decênios, como também contribuir com a definição de noções comuns relativas a questões ambientais.

Essa comissão apresentou, em 1987, o relatório *Nosso futuro comum*. Esse documento vinculava a economia à ecologia, formalizando o conceito de desenvolvimento sustentável e apontando as responsabilidades que os estados, independentemente da forma de governo, devem ter, tanto em relação aos danos ambientais como às políticas que os causam (Dias, 2006, p. 19).

(2.4) Fatos que ocorreram na década de 1990 e início do século XXI

Vinte anos após o encontro de Estocolmo, na qual foi criado o Pnuma, aconteceu no Rio de Janeiro a Conferência das Nações Unidas sobre o Meio Ambiente e o Desenvolvimento (CNUMAD). Dias (2006, p. 15) explica que essa conferência centrou-se em identificar as políticas que geram os efeitos ambientais negativos. Como produto desse encontro foram firmados cinco documentos que direcionam as discussões para os anos seguintes. São eles:

- Agenda 21 ou Agenda para o século XXI;
- Convênio sobre a Diversidade Biológica (CDB);
- Convênio sobre as Mudanças Climáticas;
- Princípios para a Gestão Sustentável das Florestas;
- Declaração do Rio sobre o Meio Ambiente e Desenvolvimento.

Nesse encontro ocorreu também o desdobramento da comissão, surgindo a Comissão de Desenvolvimento Sustentável (CDS).

Passado dez anos, em 2002, aconteceu em Johannesburgo, na África do Sul, o encontro da Cúpula Mundial sobre o Desenvolvimento Sustentável. Seu objetivo era avaliar a situação do meio ambiente global em função das medidas adotadas na Rio-92. A conclusão foi de que não foram alcançados os objetivos propostos. Porém, no encontro em Johannesburgo foram reiterados os três pilares inseparáveis de um desenvolvimento sustentável: a proteção do meio ambiente, o desenvolvimento social e o desenvolvimento econômico. Os compromissos adotados nesse encontro foram vagos e sem prazo para serem alcançados.

De acordo com Tayra (2002), nessa década, as indústrias dos países desenvolvidos começaram a sofrer uma pressão muito grande das agências ambientais, bem como da sociedade, que já apresentava uma conscientização mais avançada sobre os problemas causados pela industrialização. Muitas organizações desenvolveram tecnologias para um controle mais efetivo da emissão de poluentes, uma maior economia energética e até substituição de recursos naturais. Outras, como as indústrias automobilística, química e de papel celulose, acabaram transferindo suas plantas industriais para países em desenvolvimento, por não conseguirem alcançar o grau de exigência estabelecido nos países em que estavam instaladas anteriormente.

(2.5) A consciência ambiental: o papel das organizações não governamentais (ONGs)

A preocupação com o meio ambiente pelas sociedades civis vem de longa data. Conforme Barbieri (2007, p. 56), já no século XVII existiam sociedades científicas dedicadas principalmente à botânica, à zoologia, à geografia, entre outras, porém, foi no final século XIX que surgiram as primeiras organizações ambientalistas conhecidas atualmente, isto é, ativas na defesa do meio ambiente e que envolvem pessoas de diferentes segmentos da sociedade.

Barbieri (2007) explica que muitas ONGs que tinham suas atuações apenas em seus países de origem tomaram proporções internacionais, sendo que algumas possuem milhares de associados. As organizações internacionais mais conhecidas são: World Wild Fund for Nature (WWF); World Business Council for Sustainable Development (WBCSD); World Resource International (WRI); World Conservation Union (Uinc); Friend of the Earth; Greenpeace e International Conservation. Hoje, no Brasil, temos mais de 400 ONGs direcionadas para a proteção ambiental, tais como: SOS Mata Atlântica, fundada em 1986; a Fundação O Boticário, criada em 1990, e a Ecoar, fundada por um grupo de ambientalistas e pesquisadores após a Rio-92.

Na Conferência Internacional Rio-92, estavam presentes 3 mil ONGs acompanhando os debates. Também foi realizado, nesse período, o Fórum Global das ONGs, no qual, entre os vários documentos elaborados, estava a "Carta da Terra".

(2.6) A educação ambiental

Vários eventos ocorreram no mundo em que a educação é citada como a base para uma mudança de cultura em relação ao meio ambiente, porém, conforme Araújo (2009), foi somente em março de 1965, durante a Conferência de Educação da Universidade de Keele, na Inglaterra, que a expressão *educação ambiental* foi recomendada a ser implantada na educação de todo o cidadão.

Assim, em 1968, a Inglaterra criou o Conselho para Educação Ambiental, emitindo deliberações oficiais a respeito da introdução da educação ambiental no currículo escolar, reunindo mais de 50 organizações voltadas para temas de educação e meio ambiente. Além disso, pelo menos mais seis países europeus (Dinamarca, Finlândia, França, Islândia, Noruega e Suécia) aderiram à nova medida.

Ao longo da década de 1970 tivemos várias conferências internacionais em que a educação ambiental passou a ter um peso relevante nas discussões: Conferência Internacional sobre o Ambiente Humano em Estocolmo (1972), Programa Internacional de Educação Ambiental em Belgrado (1975) e Conferência Intergovernamental sobre Educação Ambiental em Tbilisi (1977), sendo que desta última saíram as definições, os objetivos, os princípios e as estratégias da educação ambiental que são adotados até hoje.

No Brasil, em 1981, com a Lei nº 6.938, de 31 de agosto de 1981 (Brasil, 1981b) foi instituída a Política Nacional de Meio Ambiente em que consta o ensino ambiental, conforme o art. 2º, inciso X, "educação ambiental a todos os níveis de ensino, inclusive a educação da comunidade, objetivando capacitá-la para participação ativa na defesa do meio ambiente".

Segundo a nova Constituição Federal de 1988 – Capítulo VI – Meio Ambiente, art. 225 (Brasil, 1988): "Cabe ao Poder Público promover a Educação Ambiental em todos os níveis de ensino e a conscientização pública para a preservação do meio ambiente". Em 1999, a Lei Federal nº 9.795, de 27 de abril de 1999 (Brasil, 1999), instituiu a Política Nacional de Educação Ambiental. No art. 2º consta: "A educação ambiental é um componente essencial e permanente da educação nacional, devendo estar presente, de forma articulada, em todos os níveis e modalidades do processo educativo, em caráter formal e não formal".

Em 2005, foi criado o Programa Nacional de Educação Ambiental (Pronea), tendo como órgãos gestores o Ministério do Meio Ambiente e o Ministério da Educação (Brasil, 2005). Esse programa tem como sua linha de ação:

- gestão e planejamento da educação ambiental no país;
- formação de educadores e educadoras ambientais;
- comunicação para educação ambiental;
- inclusão da educação ambiental nas instituições de ensino;
- monitoramento e avaliação de políticas, programas e projetos de educação ambiental.

A seguir veremos a trajetória da educação ambiental no mundo e no Brasil.

Quadro 2.1 – *Trajetória dos eventos ambientais que influenciaram diretamente a educação ambiental no mundo e no Brasil*

Anos de 1960	
1968	A Inglaterra criou um conselho para educação ambiental, reunindo mais de 50 organizações voltadas para temas de educação e meio ambiente. Além disso, pelo menos mais seis países europeus (Dinamarca, Finlândia, França, Islândia, Noruega e Suécia) emitiram deliberações oficiais a respeito da introdução da educação ambiental no currículo escolar.
Anos de 1970	
1972	Conferência Internacional sobre o Ambiente Humano – ONU – Estocolmo, Suécia. Elaboração da Carta de Princípios sobre o Ambiente Humano – 26 artigos, incluindo a educação ambiental.
1975	Programa Internacional de Educação Ambiental (Piea), Belgrado (Iugoslávia), promovido pela Unesco. "Carta de Belgrado" – primeira declaração sobre natureza: a importância da preservação do meio ambiente.
1976	Criação dos cursos de pós-graduação em Ecologia nas universidades do Amazonas, Brasília, Campinas, São Carlos e o Instituto Nacional de Pesquisas Aéreas (Inpa), em São José dos Campos.
1977	Primeira Conferência Intergovernamental sobre Educação Ambiental, Tbilisi, Geórgia (ex-URSS) – Unesco.
1979	Seminário de Educação Ambiental para a América Latina – Costa Rica – Unesco.

(continua)

(Quadro 2.1 – continuação)

ANOS DE 1980	
1981	Instituída no Brasil a política de meio ambiente e consolidado o sistema nacional do meio ambiente – fortalecimento dos órgãos estaduais de meio ambiente. Sendo que um dos princípios era a educação ambiental em todos os níveis.
1985	Parecer nº 819/1985 do Ministério da Educação (MEC) reforçou a necessidade da inclusão de conteúdos ecológicos ao longo do processo de formação do ensino de primeiro e segundo graus.
1987	Segunda Conferência Intergovernamental sobre Educação Ambiental – Moscou – Unesco/Pnuma.
	Parecer 226 – Conselho Federal de Educação – MEC (Indicação para interdisciplinaridade da Educação Ambiental).
1988	Promulgação da Constituição Federal – Capítulo VI – Meio Ambiente, art. 225 (trata da educação ambiental como obrigatória em todos os níveis de ensino inclusive para a comunidade).
1989	Primeiro Congresso Brasileiro de Educação Ambiental – Ibirubá – RS.

ANOS DE 1990	
1990	Tailândia – Conferência sobre Educação para Todos (inclui o analfabetismo ambiental – considerado extremamente grave).
1991	Portaria nº 678/1991 – Ministério da Educação instituiu a educação ambiental no currículo. Portaria nº 2421/1991 do MEC instituiu o Grupo de Trabalho de educação ambiental.

(Quadro 2.1 – continuação)

1992	Conferência da ONU sobre Meio Ambiente e Desenvolvimento, Rio-92. Carta Brasileira para a Educação Ambiental. Conferência das Nações Unidas sobre o Meio Ambiente e Desenvolvimento (Rio-92).
	Lei de Diretrizes e Bases da Educação Nacional (LDBEN) – educação ambiental: caráter obrigatório e interdisciplinar.
	Programa Nacional de Educação Ambiental (Pronea) – objetivava capacitar o sistema de educação formal, não formal, voltados para a proteção do meio ambiente e conservação dos recursos naturais).
1993	Portaria nº 773/1993 do MEC instituiu em caráter permanente um Grupo de Trabalho EA, concretizando as recomendações aprovadas na Rio-92.
1994	Programa Nacional de Educação Ambiental (Pronea), elaborado pelo MEC/MMA/MINC/MCT.
1995	Criada a Câmara Técnica temporária de Educação Ambiental no Conselho Nacional de Meio Ambiente – Conama, determinante para o fortalecimento da educação ambiental.
1996	Elaborada pelo MEC a proposta dos "Parâmetros Curriculares Nacionais" – Convívio Social e Ética – Meio Ambiente, retrata a educação ambiental como um tema transversal nos currículos do ensino fundamental.
1997	Conferência Internacional sobre Meio Ambiente e Sociedade: Educação e Consciência Pública para a Sustentabilidade, Thessaloniki, Grécia.

(Quadro 2.1 – conclusão)

	Thessaloniki, na Grécia – ONU, Unesco e Governo da Grécia promoveram a Conferência Internacional sobre Meio Ambiente e Sociedade: Educação e Consciência Pública para a Sustentabilidade (resultou na Declaração de Thessaloniki).
1998	A coordenação de educação ambiental do MEC promoveu oito cursos de capacitação de multiplicadores, cinco teleconferências, dois seminários nacionais e produziu dez vídeos para serem exibidos pela TV Escola. Ao final desse ano, a Coordenação de Educação Ambiental foi inserida na Secretaria de Ensino Fundamental (SEF) no MEC, após reforma administrativa.
1999	Lei nº 9.795 institui a Política Nacional de Educação Ambiental.
Início do século XXI	
2000	Ensino ambiental foi contemplado no Plano Plurianual 2000--2003 (MMA).
2002	Simpósio sobre Ética e Desenvolvimento Sustentável, realizado em Bogotá, Colômbia, em 24 de Maio.
	Decreto nº 4.281, de 25 de junho de 2002. Regulamenta a Lei que institui a política Nacional de educação Ambiental e dá outras providências.
2003	Educação Ambiental (EA) foi contemplada no Plano Plurianual de 2004-2007 (MEC).
2005	Segunda Conferência Infantojuvenil para o Meio Ambiental.

Fonte: Adaptado de Feijó, 2008.

(.) Ponto final

O marco que desencadeou uma mobilização mundial sobre a poluição foi a publicação do livro *Primavera silenciosa*, em 1962, que alertava sobre os malefícios do DDT. A partir da década de 1970, foram realizados vários encontros importantes tratando dos efeitos do uso dos recursos naturais e a poluição, sendo fundamental ressaltar: o Clube de Roma, que resultou no relatório "Limites do Crescimento"; a Conferência das Nações Unidas sobre o Meio Ambiente Humano, em Estocolmo, na Suécia, em 1972, na qual foi criado o plano de ação Pnuma; a criação da CMMAD, em 1983, na Noruega, resultando no Relatório "Nosso Futuro Comum"; e a Rio-92, que, entre os documentos gerados, deu origem à Agenda para o Século XXI. Nesse período também ocorreram movimentos não governamentais (ONGs) que denunciaram as grandes organizações poluentes e teve início um grande movimento para a educação ambiental.

Indicação cultural

A fim de complementar o nosso estudo e para levá-lo a uma reflexão sobre os fatores que influenciaram no desenvolvimento do sistema de gestão ambiental, sugerimos a leitura do livro:

DIAS, R. *Gestão ambiental*: responsabilidade social e sustentabilidade. São Paulo: Atlas, 2006.

Atividade

1. Marque (V) para as sentenças verdadeiras e (F) para as falsas:

    ( ) A bióloga Rachel Carson denunciou em seu livro *Primavera silenciosa* o extermínio dos pássaros devido ao uso do aerossol.
    ( ) A conferência de Estocolmo foi um marco na história do meio ambiente. Desde então, todo o dia 5 de junho é comemorado o "Dia Mundial do Meio Ambiente".
    ( ) A "Carta da Terra" foi o resultado do Fórum Global das ONGs, que ocorreu durante a conferência internacional Rio-92.
    ( ) Foi da Conferência de Brundtland que saíram as definições, os objetivos, os princípios e as estratégias para a educação ambiental que até hoje são adotados.
    ( ) A Política Nacional do Meio Ambiente no Brasil foi instituída pela Lei nº 6.938/1981b.

    Indique a sequência correta:
    a. F, V, V, F, V.
    b. V, V, V, F, F.
    c. F, V, V, V, F.
    d. V, F, F, V, F.

(3)

O aquecimento global
e a poluição das águas

Neste capítulo, veremos o efeito estufa, seus agentes causadores e seus efeitos previsíveis. Também veremos como se forma a camada de ozônio e a sua importância para a vida na terra. Por fim, saberemos como estão distribuídas as águas no nosso planeta, agentes poluentes e tratamento.

(3.1) O efeito estufa

A expressão *efeito estufa* se refere a um fenômeno natural – o aumento de temperatura da atmosfera global. É um efeito ocasionado pela concentração de gases como dióxido de carbono (CO_2) e o metano (CH_4), entre outros, que formam uma camada na atmosfera capaz de reter as radiações infravermelhas (raios do sol) e, por consequência, gerar o aquecimento da crosta terrestre. Em condições normais, essa camada de gases permite que tenhamos uma temperatura média de 16 °C, caso contrário a temperatura seria de 30 °C negativos e a existência da vida seria praticamente impossível. O que vemos hoje é um aumento constante dessa camada protetora provocado, principalmente, pela queima de combustíveis fósseis, madeira, gás natural de motores, usinas e indústrias, resultando na retenção maior de radiação.

Gore (2006, p. 27) esclarece que:

> como resultado, a temperatura da atmosfera terrestre e também dos oceanos está ficando perigosamente mais alta, transformando a terra em uma grande estufa. Em poucas palavras. É nisso que consiste a crise climática.

Figura 3.1 – Efeito Estufa

A - A radiação solar atravessa a atmosfera. A maior parte da radiação é absorvida pela superfície terrestre e aquece-a.

B - Alguma parte da radiação solar é refletida pela Terra e pela atmosfera de volta ao espaço.

C - Parte da radiação infravermelha (calor) é refletida pela superfície da terra, mas não regressa ao espaço, pois é reflectida de novo e absorvida pela camada de gases de estufa que envolve o planeta. O efeito é o aquecimento da superfície terrestre e da atmosfera.

Fonte: Meira, 2002. Ilustração: Renan Itsuo Moriya. Imagem: Panthermedia.

Agentes causadores do efeito estufa

Linhares e Gewandznajder (1997, p. 266) explicam que:

> a partir da Revolução Industrial (segunda metade do século XVIII), o gás carbônico passou a ser liberado em grandes quantidades [...]. Como a quantidade dessa liberação é muito maior do que a quantidade que os vegetais conseguem absorver pela fotossíntese a concetração do CO_2 vem aumentando gradativamente: no século

XVIII essa concentração era de 270 ppm. Em 1958 chegou a 316 ppm e hoje passa das 400 ppm, aumentando cerca de 1,6 ppm a cada ano.

Os principais agentes causadores são as atividades humanas que se intensificaram nesse último século. Alguns exemplos dessas atividades intensivas são mostradas no quadro a seguir.

Quadro 3.1 – *Principais gases responsáveis pelo efeito estufa*

Principais causas	Gases de estufa	Tempo de Duração
Queima de combustíveis fósseis (petróleo, gás natural), carvão, desmatamento (libertam CO_2 quando queimadas ou cortadas). O CO_2 é responsável por cerca de 64% do efeito estufa. Diariamente são enviados cerca de 6 mil milhões de toneladas de CO_2 para a atmosfera.	Dióxido de carbono (CO_2)	50 a 200 anos
São usados em *sprays*, motores de aviões, plásticos e solventes utilizados na indústria eletrônica. Responsável pela destruição da camada de ozônio. Também é responsável por cerca de 10% do efeito estufa.	Clorofluorcarbono (CFC)	50 a 1700 anos
Produzido por campos de arroz, pelo gado e pelas lixeiras. É responsável por cerca de 19% do efeito estufa.	Metano (CH_4)	15 anos

Fonte: Meira, 2002.

Como já vimos, o aumento efetivo da emissão do dióxido de carbono é ocasionado pela queima de combustíveis fósseis – principalmente por parte dos países desenvolvidos – utilizados nas indústrias e nos veículos. No entanto, a emissão desse poluente nos países em desenvolvimento vem crescendo muito e essa contribuição advém principalmente do desmatamento e das alterações do uso do solo.

Para Furriela (2007), não podemos esquecer que a mudança de comportamento dos países em desenvolvimento também tem contribuído para o agravamento da emissão de poluentes na atmosfera nos últimos anos, como no caso da China, com sua mudança de produção e de seus hábitos de consumo.

Consequências do efeito estufa

Furriela (2007) mostra alguns efeitos que poderão ocorrer devido à mudança do clima, caso continuemos nesse ritmo de emissão, alcançando nos próximos 100 anos um aumento de 1 a 3,5 °C. Os efeitos são:

- Mudança nos padrões das chuvas regionais – Algumas regiões podem se tornar mais secas e outras mais chuvosas. Com a mudança dos padrões de chuva, podem ocorrer novas secas ou secas mais prolongadas, afetando a saúde pública.
- Zonas climáticas e agrícolas poderão migrar em direção aos polos – Os verões mais secos podem afetar diretamente a agricultura, deslocando as áreas de cultivo para as regiões mais frias.
- Elevação do nível dos mares – O derretimento de geleiras e a dilatação térmica da água dos oceanos causará elevação nos níveis dos mares, ameaçando as zonas costeiras, áreas densamente povoadas e também pequenas ilhas.
- Elevação da intensidade das tempestades tropicais – Isso provocará chuvas e ventos fortes, podendo deixar um grande número de desabrigados e causar mortes.
- Proliferação de insetos em regiões de clima quente – Esse fenômeno intensificará a propagação de doenças, como a dengue e a malária, e a destruição de plantações.
- Impactos significativos nas recursos hídricos – Haverá escassez da água doce.
- Falta de recursos – Os países em desenvolvimento ou menos desenvolvidos não terão recursos suficientes para se precaverem contra os impactos ou minimizar seus efeitos, gerando impactos sociais e econômicos.
- Regiões áridas poderão se transformar em desertos – Poderá ocorrer um empobrecimento do solo, que pode vir a substituir a vegetação natural por uma superfície composta por um elemento arenoso desprovido de vida.
- Redução da produção de alimentos – Poderá haver redução do potencial de produção de alimentos, gerando maior fome e miséria.
- Variação climática poderá causar impactos sobre diferentes ecossistemas – Poderá ocasionar o desaparecimento de espécies de fauna e flora.

De acordo com Zômpero et. al (2008), os pesquisadores de clima mundial propõem que seja imediata a redução gradativa da queima de combustíveis e dos desmatamentos e que haja maior controle de queimadas e aumento do reflorestamento das regiões degradadas, entre outras ações para que a previsão citada não ocorra.

O Protocolo de Kyoto[a]

Esse protocolo foi resultado da terceira Conferência das Partes da Convenção sobre Mudança do Clima, realizada na cidade de Kyoto, Japão, em 1997. Segundo esse acordo, os países industrializados deverão reduzir as emissões de gases de efeito estufa para níveis infeiores aos de 1990. Essa redução está estimada em 5% entre os anos de 2008 e 2012. O protocolo estabeleceu mecanismos de flexibilização para a implementação das obrigações pelos países com metas de redução de emissões, que lhes permite realizar parte das obrigações fora do país de origem.

Os mecanismos são:

- EXECUÇÃO CONJUNTA (*Joint Implementation* – JI) – Os países industrializados, de maneira conjunta, comprometem-se em reduzir entre 2008 e 2012 suas emissões abaixo do registrado no ano de 1990.
- COMÉRCIO DE EMISSÕES (*Emission Trade* – ET) – Só poderão participar do sistema de intercâmbio de direitos de emissão os países listados no anexo 1 e no anexo B desse protocolo.
- MECANISMOS DE DESENVOLVIMENTO LIMPO (*Clean Development Mechanism* – CDM) – Pode envolver entidades privadas e/ou públicas e deve sujeitar-se a qualquer orientação que possa ser dada pelo conselho executivo do mecanismo de desenvolvimento limpo (MCTI, 2011).

Para os 38 países considerados signatários, o tratado especifica níveis diferenciados de reduções para os principais emissores de dióxido de carbono e de 5 outros gases estufa, por exemplo: para os Estados Unidos, a diminuição prevista é de 7%; para o Japão, de 6% e, para a União Europeia, de 8%. Para os países em desenvolvimento, como Brasil, Índia, México e China, não ficaram estabelecidos patamares de redução.

O acordo foi assinado por 84 países, mas precisava reunir 55% que respondem pelas emissões de gases. De acordo com Dias (2006), mesmo que os Estados

---

a. Para ter mais informações a respeito do Protocolo de Kyoto, acesse:
<http://unfcc.int/resource/docs/conukp/kpspan.pdf>.

Unidos, sob o governo Bill Clinton, tenham assinado o protocolo, o Senado desse país não o ratificou, alegando que os países em desenvolvimento deveriam também ter uma meta de redução.

No Governo W. Bush, em 2001, os Estados Unidos continuaram não ratificando o acordo sob alegação de que era prejudicial à economia norte-americana e que era injusto não fixar metas de emissões de gases do efeito estufa para países emergentes, como China e Índia (grandes emissores de gases poluidores).

Segundo Dias (2006), em 2001, com a divulgação do terceiro relatório do Painel Intergovernamental de Mudanças Climáticas (IPPC), que mostra os efeitos devastadores, o Japão e a União Europeia decidiram dar continuidade ao protocolo, mas mesmo assim este precisava da adesão da Rússia, que detém 17% das emissões dos países industrializados, para completar os 55%. A adesão só ocorreu em 2004 e o protocolo entrou em vigor em fevereiro de 2005.

Protocolo Verde

O Governo Federal, por meio de seus ministérios e bancos oficiais brasileiros, baseados na Lei nº 6.938, de 31 de agosto de 1981 (Brasil, 1981b), instituída como a Política Nacional do Meio Ambiente, criou, em 1995, o Protocolo Verde. Esse documento incorpora a variável ambiental na gestão e concessão de crédito oficial e benefícios fiscais. Com isso, foram criados mecanismos que evitam a utilização de créditos e benefícios em atividades e empreendimentos que sejam prejudiciais ao meio ambiente.

(3.2) A importância da camada de ozônio

O ozônio (O_3) é um gás tóxico para plantas e animais. No entanto, na estratosfera, numa faixa de 25 a 35 km da superfície terrestre, em uma camada de cerca de 15 km de espessura, ele funciona como um filtro, receptando a radiação ultravioleta (UV), altamente nociva ao homem, emitida pelo sol.

A formação da molécula de ozônio (O_3) ocorre quando a molécula de oxigênio (O_2) absorve uma parte das radiações ultravioletas emitidas pelo sol. Essa molécula quebra-se em dois átomos livres de oxigênio (O), que se rearranjam imediatamente com outras moléculas de O_2, formando O_3. Devido à sua instabilidade, a molécula de ozônio absorve radiações UV e se quebra quimicamente em O e O_2, dando início a um novo ciclo. Esse ciclo se rompe na presença de outros gases, nesse caso devido à emissão de um grupo de gases utilizados em larga escala pelas indústrias, os CFCs. Esses gases sofrem decomposição quando submetidos à ação da radiação UV, liberando átomos de cloro que reagem com o ozônio, transformando-se em oxigênio e monóxido de cloro (ClO). O átomo do cloro é regenerado, passando a reagir com outras moléculas de ozônio, destruindo assim a camada protetora.

Figura 3.2 – Processo de destruição do ozônio

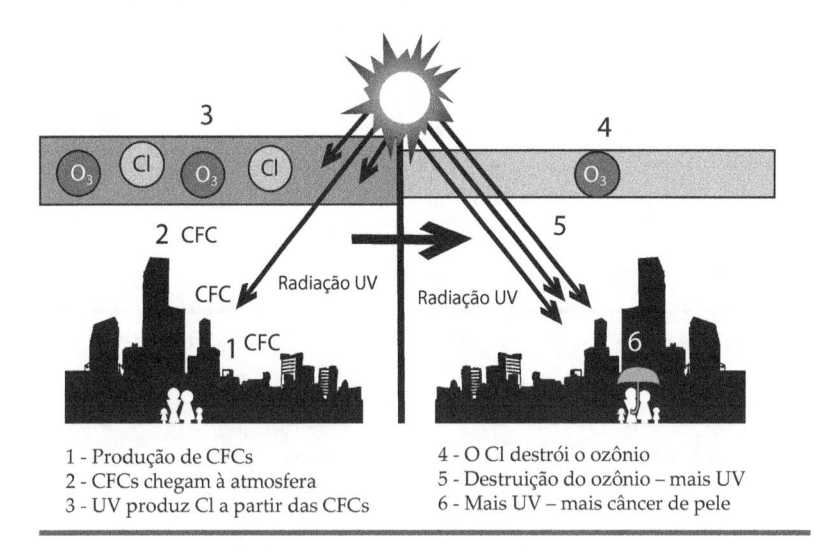

1 - Produção de CFCs
2 - CFCs chegam à atmosfera
3 - UV produz Cl a partir das CFCs
4 - O Cl destrói o ozônio
5 - Destruição do ozônio – mais UV
6 - Mais UV – mais câncer de pele

Fonte: Adaptado de Amorim; Lara, 2012. Ilustração: Renan Itsuo Moriya.

Conforme Linhares e Gewandsznajder (1997), o aumento de radiação UV na atmosfera provocada pela destruição da camada de ozônio reduz o processo de fotossíntese dos vegetais, prejudica as colheitas e destrói os fitoplâncton, ocasionando perturbações no equilíbrio dos ecossistemas aquáticos. No ser humano, aumenta a incidência de câncer de pele, de catarata e traz prejuízos para o sistema imunológico.

Barbieri (2007) diz que, diante da gravidade desse problema, em 1985, em Viena, Suíça, foi assinada a Convenção de Viena para a Proteção da Camada de Ozônio. O Protocolo de Montreal de 1987, no Canadá, foi o início efetivo de uma ação internacional para a eliminação das substâncias destruidoras do ozônio estratosférico até o ano de 2010 nos países em desenvolvimento, como é o caso do Brasil.

(3.3) As águas do planeta Terra

A água cobre 71% da superfície da Terra e é fundamental para a existência da vida. Foi dela que todos os seres vivos surgiram, sendo impossível imaginar alguma forma de vida sem água. Conforme Grassi (2001), a água sempre foi um recurso natural essencial para a sobrevivência do homem e para o seu desenvolvimento. Podemos ver ao longo de sua história que as grandes civilizações sempre surgiram às margens dos rios, pois, além de fornecer recursos para sua existência, ela é fundamental para a agricultura. Com o passar do tempo, outras utilidades foram surgindo, tais como a movimentação de moinhos, a geração de energia, o transporte, bem como processos industriais e de recreação.

Distribuição das águas

Grassi (2001) explica que a água se encontra em diferentes compartimentos, como pode ser observado no quadro a seguir.

Quadro 3.2 – Distribuição da água em nosso planeta

Reservatórios	Volume – KM^3	Percentual – %
Oceanos	1.320.305.000	97,22
Geleiras e calotas polares	29.155.000	2,15
Águas subterrâneas	8.330.000	0,61
Lagos	124.950	0,009
Mares	104.125	0,008
Umidade do solo	66.640	0,005
Atmosfera	12.911	0,001
Rios	1.250	0,0001
Total	1.358.099.876	100

Fonte: Grassi, 2001.

De acordo com esse quadro, praticamente 97,23% das águas do planeta são compostas de oceanos e mares, impróprias para o homem e para todo o ecossistema terrestre, portanto, apenas 2,77% de água doce para ser compartilhada. Porém, 2,15%, mais de 3/4 dessa água, são encontrados em forma de geleiras e calotas polares, restando apenas 0,62% de água disponível para o nosso consumo, quantidade encontrada nos lagos, nos rios, nas águas subterrâneas, na umidade do solo e na água que se encontra na atmosfera.

Conforme Grassi (2001), já existem problemas de estresse em ecossistemas devido à redução de água, como também conflitos entre países que dispõem da mesma fonte de água para atender a demanda de ambos. Grassi (2001) comenta que alguns especialistas acreditam que dentro de cerca de 20 anos teremos uma crise parecida com a do petróleo de 1973, quando a disponibilidade desse produto era menor que a demanda.

Selborne (2001) levanta a questão da ética quanto aos recursos hídricos e nos diz que:

> *A água, o símbolo comum da humanidade, respeitada e valorizada em todas as religiões e culturas, tornou-se também um símbolo da equidade social, pois a crise da água é, sobretudo, de distribuição, conhecimento e recursos, e não de escassez absoluta. Assim, a maior parte das decisões relativas aos recursos hídricos implica problemas de acesso e privação. Portanto, precisamos compreender quais os princípios éticos comuns que podem ser aceitos como aplicáveis em todas as situações geográficas, em todas as fases do desenvolvimento econômico e em qualquer ocasião.*

Poluição das águas

Para Zômpero et al. (2008), a "poluição das águas nada mais é do que a alteração de suas características físicas, químicas e biológicas que, quando contaminadas, prejudicam seus usos atuais e comprometem o uso no futuro".

De acordo com Grassi (2001), os principais poluentes das águas são as atividades humanas que podem atingir águas superficiais e subterrâneas de formas bastante diversas. Podem ser por meio dos esgotos domésticos, dos efluentes industriais, das drenagens de áreas agrícolas e urbanas e ainda por fontes naturais. Algumas delas são:

- Esgotos domésticos – Provêm dos vasos sanitários, dos ralos de banheiro, dos tanques de lavar roupa, das pias da cozinha. Nas cidades, são gerados outros resíduos provenientes de outras atividades como: padaria, posto de combustível, restaurantes, açougues e outros. E, quando despejados em um rio, provocam alterações físicas, químicas e biológicas na água.
- Efluentes industriais – Sólidos em suspensão, metais pesados, compostos tóxicos, substâncias teratogênicas, micro-organismos patogênicos, cancerígenos, entre outras. É importante salientar que podem ser encontradas em proporções diferentes, tanto qualitativas como quantitativas.

- Drenagem de áreas agrícolas e urbanas – Nas áreas agrícolas, encontramos os fertilizantes e os defensivos e, nas zonas urbanas, os lixos urbanos, galhos, folhas, terra e areia. Ambos são arrastados pelas chuvas até os cursos d'água, poluindo e provocando e o assoreamento dos rios.
- Fontes naturais – São folhas, galhos, partículas decorrentes de arrastes do solo, restos de animais. Não provocam alterações significativas na água.

Qualidade das águas no Brasil

O Ministério da Saúde, por meio da Portaria nº 518, de 25 de março de 2004 (Brasil, 2004), estabeleceu os procedimentos de controle e vigilância da qualidade da água para o consumo humano e seu padrão de potabilidade.

O Conselho Nacional do Meio Ambiente – Conama (2005), por meio da Resolução nº 357, de 17 de março de 2005, dispõe sobre a classificação dos corpos de água e diretrizes ambientais para o enquadramento destes, bem como estabelece as condições-padrão de lançamento de efluentes e dá as providências.

(.) Ponto final

Como vimos, o problema da emissão de gases poluentes é grave e os seus efeitos são devastadores para todo o planeta, tanto os causadores do efeito estufa como os que destroem a camada de ozônio. Não menos importante são os problemas enfrentados com a poluição de nossas águas, pois, como pode ser observado, é um índice baixíssimo de água doce que temos disponível (0,6%).

Indicação cultural

A fim de complementar o nosso estudo, sugerimos a leitura da *Revista Digital Envolverde*, que apresenta artigos e notícias atualizadas sobre os assuntos de clima e água tratados neste capítulo.

ENVOLVERDE – *Revista Digital de Ambiente, Educação e Cidadania*. Disponível em: <http://envolverde.com.br>. Acesso em: 12 mar. 2012.

Atividade

1. Assinale (V) para as alternativas verdadeiras e (F) para as falsas:
   ( ) É a camada de gases de efeito estufa que permite termos uma temperatura de +/- 16 °C, caso contrário a temperatura seria de 30 °C negativos.
   ( ) Os maiores responsáveis pela liberação do dióxido e carbono são os campos e florestas.
   ( ) O Protocolo de Kyoto não entrou em vigor logo após sua criação porque o Canadá não ratificou o acordo.
   ( ) A camada de ozônio funciona como um filtro receptor dos raios ultravioleta emitidos pelo sol.

   Assinale a sequência correta:
   a. F, V, V, F.
   b. V, V, V, F.
   c. V, F, F, V.
   d. V, V, F, F.

(4)

O desenvolvimento sustentável
como novo paradigma

Rosane Regina Pilger

Até a segunda metade do século XX, a economia cresceu e se consolidou sem levar em conta os princípios da ecologia, gerando consequências que hoje são sentidas por todos no planeta: o aquecimento global, a poluição do solo e da água etc. Neste capítulo, veremos a importante relação que a economia tem com o meio ambiente, a definição de sustentabilidade e seus três pilares, a reestrutura da economia e o papel das empresas no desenvolvimento sustentável.

(4.1) A ecologia na economia

A economia atual é formada pelas forças do mercado sem considerar os princípios da ecologia. De acordo com Brown (2003), criou-se uma economia distorcida, pois os tomadores de decisões econômicas não são munidos de informações sobre os custos totais de bens e serviços da natureza, desenvolvendo uma economia fora de sincronia com os ecossistemas da Terra, destruindo os sistemas naturais de suporte.

Segundo Brown (2003), o mercado já provou que não respeita os equilíbrios da natureza, pois desconhece os conceitos básicos da ecologia, por isso não dá atenção à crescente emissão de carbono, acima do que a natureza pode absorver (através da fotossíntese). No entanto, para um ecólogo, a elevação dos níveis de dióxido de carbono (CO_2), gerada principalmente pela queima de combustíveis fósseis, é um sinal de que devemos mudar para outras fontes de energia, a fim de evitar o aumento de temperaturas, o degelo das calotas polares e a elevação do nível dos mares. Esse processo de equilíbrio que a natureza necessita para se manter foi bem explicado por Brown (2003):

> A natureza depende dos ciclos para manter a vida. Na natureza não existem fluxos lineares, ou situações em que a matéria-prima entra de um lado e o lixo sai do outro. Na natureza, o resíduo de um organismo é o sustento de outro. Nutrientes são continuamente reciclados. Esse sistema funciona. Nosso desafio é replicá-lo no desenho da economia.

Para Ribeiro (2001), um dos desafios da vida contemporânea é saber se há sustentabilidade para se manter as condições da reprodução humana na Terra. Isto é, até que ponto nossos modos de produção e consumo permitirão que outras gerações tenham condições de habitabilidade no futuro, levando-se em conta os modelos tecnológicos devastadores e possíveis alternativas que irão herdar. Essas gerações precisam dispor de ar, solo para cultivar e água limpa.

(4.2) Definição de sustentabilidade pela Comissão Brundtland

O conceito de sustentabilidade teve sua origem na silvicultura, conforme Bader (2009), no início do século XVIII. A base da economia da Saxônia era a extração de prata, que teve sua prática ameaçada, nesse período, por falta de madeira para o carvão e para os fornos de fundição. No entanto, isso se deveu à derrubada das florestas ao longo dos anos sem reposição. Depois de uma análise da situação, o inspetor geral de fundição, von Carlowitz, estabeleceu como uma prática obrigatória o replantio de várias árvores para cada uma que fosse derrubada, já que essa crise surgiu da ganância e da obtenção do lucro a curto prazo. Portanto, Bader (2008) afirma que dessa ação surgiu o conceito de sustentabilidade, ou seja, o desenvolvimento sustentável.

Porém, o reconhecimento internacional do conceito de sustentabilidade se deu, conforme Bader (2008), por meio do relatório da Comissão Mundial para o Meio Ambiente e Desenvolvimento das Nações Unidas e intitulado *Nosso futuro comum*, publicado em 1987. Essa comissão, também conhecida como *Comissão Brundtland*, desenvolveu a definição do conceito de sustentabilidade hoje reconhecido mundialmente. A comissão definiu o desenvolvimento sustentável como "aquele que atende as necessidades do presente sem comprometer as possibilidades de gerações futuras atenderem suas próprias necessidades". Em outras palavras, "a sustentabilidade exige que nós deixemos aos nossos filhos uma herança que não seja essencialmente pior do que aquela que nós próprios herdamos".

Para uma economia estar baseada na sustentabilidade, ela deve estar fundamentada na produção sustentável, isto é, deve fundamentar-se na sustentabilidade dos ecossistemas. Brown (2003) exemplifica essa questão:

> Um determinado pesqueiro pode sustentar um pescado de determinado volume, porém se a demanda sobre ele exceder a produção sustentável, até mesmo num volume mínimo, digamos 2%, os estoques começarão a encolher e finalmente desaparecer. Contanto que a colheita não exceda a produção sustentável, poderá ser sustentada perpetuamente. O mesmo se aplica às florestas e pastos.

Uma economia sustentável respeita a produção sustentável dos ecossistemas dos quais dependem: pesqueiros, florestas, pastos e áreas cultivadas. Para Dias (2006), o relatório da Comissão Mundial Sobre o Meio Ambiente e o Desenvolvimento (CMMAD) apresenta como principais objetivos:

- retomar o crescimento;
- alterar a qualidade do desenvolvimento;
- atender às necessidades essenciais do emprego, da alimentação, da energia, da água e do saneamento;
- manter um nível populacional sustentável;
- conservar e melhorar a base de recursos;
- reorientar a tecnologia e administrar o risco;
- incluir o meio ambiente e a economia no processo de tomada de decisões.

(4.3) A sustentabilidade de três pilares

Conforme Dias (2006), a opinião sobre o que é desenvolvimento sustentável é muito ampla. Existem os que acreditam ser a obtenção do crescimento econômico com utilização racional dos recursos naturais e da aplicação de tecnologias mais eficientes. Outros conceituam o desenvolvimento sustentável como, em primeiro lugar, um projeto social e político destinado a eliminar a pobreza, a atender às necessidades básicas da humanidade e a melhorar a qualidade de vida desta.

Para realizarmos a mudança do conceito de um desenvolvimento baseado na exploração do meio ambiente para um desenvolvimento sustentável, é preciso que tenhamos uma mudança de visão quanto à nossa relação com a natureza. Devemos deixar de vê-la como apenas uma fonte de matéria-prima, enxergando, isso sim, como um lugar necessário para que possamos viver. Por isso, ainda conforme Dias (2006), a primeira Conferência das Nações Unidas sobre o Meio Ambiente e Desenvolvimento (CNUMAD), que ocorreu no Rio de Janeiro, em 1992, tinha como foco a relação entre a determinação das metas ambientais e as políticas de desenvolvimento.

Dessa conferência foram promulgados cinco documentos básicos:

1. Declaração do Rio de Janeiro sobre Meio Ambiente e Desenvolvimento;
2. Declaração de Princípios de Gestão Sustentável das Florestas;
3. Convênio sobre a Diversidade Biológica;
4. Convênio sobre as Mudanças Climáticas;
5. Programa das Nações Unidas para o Século XXI, mais conhecido como *Agenda 21*.

A Agenda 21 consiste em um programa com ações, recursos e responsabilidades definidos com o objetivo de alcançar o desenvolvimento sustentável global. Podemos afirmar que esse documento formalizou o conceito de sustentabilidade como um princípio político, reconhecendo que somente será possível a proteção ambiental global quando forem levados em consideração os aspectos econômicos e sociais.

Conforme Feijó (2008), a Agenda 21 é composta por 40 capítulos divididos em quatro seções:

> *Seção 1: Aspectos sociais e econômicos: as relações entre meio ambiente e pobreza, saúde, comércio, dívida externa, consumo e população.*
> *Seção 2: Conservação e administração de recursos – as maneiras de gerenciar recursos físicos como terra, mares, energia e lixo para garantir e desenvolvimento sustentável.*
> *Seção 3: Fortalecimento dos grupos sociais – as formas de apoio de grupos sociais organizados e minoritários que colaboram para a sustentabilidade.*
> *Seção 4: Meios de implementação – financiamento e papel das organizações governamentais.*

A conferência Rio-92 também resultou na AGENDA 21 BRASILEIRA – AÇÕES PRIORITÁRIAS (Brasil, 2004). Dez anos depois, aconteceu a Conferência de Johannesburgo, também conhecida como *Rio+10*, sobre a qual já falamos no Capítulo 2 deste livro. Nesse encontro, foi avaliada a situação do meio ambiente global em função das medidas adotadas na CNUMAD-92. Conforme Dias (2006), os objetivos não foram alcançados, no entanto, reiteraram que os três pilares inseparáveis de um desenvolvimento sustentável continuam sendo o ecológico, o econômico e o social.

Quadro 4.1 – Resumo dos principais acontecimentos relacionados ao desenvolvimento sustentável

Ano	Acontecimento	Observações
1962	Publicação do livro *Primavera silenciosa (Silent spring)*	Escrito por Rachel Carson, que denunciava os efeitos do inseticida DDT.
1968	Criação do Clube de Roma	Reunião de dez países em Roma para discutir os dilemas atuais e futuros do homem.
1968	Conferência da Unesco sobre conservação e o uso racional dos recursos da biosfera	Nessa reunião, em Paris, foram lançadas as bases para a criação do Programa: O Homem a Biosfera (MAB).
1971	Criação do Programa MAB da Unesco	Criação do Programa Homem e a Biosfera. A partir do programa, foram criadas ao redor do mundo Reservas da Biosfera.
1972	Publicação do livro *Os limites do crescimento*	Publicado pelo Clube de Roma, esse livro mostra as tendências catastróficas quanto a escassez dos recursos naturais.
1972	Conferência das Nações Unidas sobre o Meio Ambiente Humano em Estocolmo	Participaram, na Suécia, 113 Estados da ONU, resultando na criação do Programa das Nações Unidas sobre o Meio Ambiente (Pnuma).

(continua)

(Quadro 4.1 – continuação)

Ano	Acontecimento	Observações
1980	I Estratégia Mundial para a Conservação	União Internacional para a Conservação da Natureza (IUCN), junto com Pnuma e do WWF adota um plano a longo prazo para a proteção dos recursos biológicos. Nesse documento aparece pela primeira vez a definição do conceito de desenvolvimento sustentável.
1983	É formada pela ONU a Comissão sobre o Meio Ambiente e o Desenvolvimento (CMMAD)	O encontro teve o objetivo de avaliar as relações entre o meio ambiente e o desenvolvimento e de apresentar propostas viáveis. Foi presidida pela primeira-ministra da Noruega, Gro Harlem Brundtland.
1987	É publicado o informe Brundtland, da CMMAD, o "Nosso Futuro Comum"	Esse documento formaliza o conceito de desenvolvimento sustentável, vinculando a economia e a ecologia e o bem social.
1991	II Estratégia Mundial para a Conservação "Cuidando da Terra"	Documento conjunto do IUCN, Pnuma e WWF, agora baseado no informe de Brundtland, salienta a importância dos níveis políticos e sociais para a construção de uma sociedade mais sustentável.

(Quadro 4.1 – conclusão)

Ano	Acontecimento	Observações
1992	Conferência das Nações Unidas sobre o Meio Ambiente e Desenvolvimento, ou Cúpula da Terra (RIO 92)	Realizada no Rio de Janeiro, abordou novas perspectivas globais e de integração da questão ambiental e definiu mais concretamente o modelo de desenvolvimento sustentável. Participaram 170 países. Resultou na Declaração do Rio e mais quatro documentos, entre os quais a Agenda 21.
1997	Rio + 5	Realizado em Nova Iorque, teve como objetivo analisar a implementação do Programa da Agenda 21.
2000	I Foro Mundial de âmbito Ministerial – Malmo (Suécia)	Resultou na Declaração de Malmo, que examina as novas questões ambientais para o século XXI e apresenta compromissos mais efetivos para o desenvolvimento sustentável.
2002	Cúpula Mundial sobre o Desenvolvimento Sustentável, Rio+10	Realizada em Johannesburgo, teve como objetivo examinar se foram alcançadas as metas estabelecidas pela Conferência do Rio-92 e serviu para que os países reiterassem seu compromisso com os princípios do desenvolvimento sustentável.

Fonte: Dias, 2006.

(4.4) Reestruturação da economia

A mudança do modelo atual de desenvolvimento, voltado para as forças do mercado e para um modelo de desenvolvimento sustentável, é uma tarefa gigantesca. Não existem precedentes para essa transformação. Conforme Brown (2003), o crescimento mundial de bens e serviços, de 6 trilhões de dólares, em 1950, passou para 43 trilhões em 2000, à custa de uma destruição ambiental numa escala catastrófica que não poderia ter sido imaginada séculos atrás. Esses dados retratam um cenário que precisa ser mudado, e essas mudanças precisam ser sistêmicas e aceleradas, pois nosso tempo disponível é limitado. O êxito não virá de projetos pontuais – precisamos de estratégias para uma mudança econômica sistêmica, que coloque o mundo num caminho de desenvolvimento ambiental sustentável; do contrário, poderemos ganhar eventuais batalhas, mas perderemos a guerra.

Brown (2003) cita alguns exemplos de países que saíram do conceito e realizaram algumas mudanças necessárias para entrar no caminho do desenvolvimento sustentável, como o controle do crescimento demográfico:

> *31 países da Europa, mais o Japão, estabilizaram suas populações, satisfazendo uma das condições mais básicas de uma eco-economia. A Europa estabilizou sua população dentro da sua capacidade produtora de alimentos, deixando-a com um superávit exportável de grãos para ajudar a compensar os déficits dos países em desenvolvimento. Ademais, a China, a nação mais populosa do planeta, tem hoje menor fertilidade que os Estados Unidos e caminha para a estabilidade populacional.*

Temos ainda países que se despontam em suas práticas para um desenvolvimento sustentável, como a Dinamarca, que

> *estabilizou sua população, proibiu a construção de usinas a carvão, proibiu o uso de vasilhames descartáveis para bebidas e hoje obtém 15% de sua eletricidade do vento. Além disso, reestruturou sua rede de transportes urbanos; atualmente, 32% de todos os percursos em Copenhague são realizados em bicicletas.*

No continente asiático, temos o exemplo da Coreia do Sul, que arborizou as colinas e as montanhas do país por meio de um programa de reflorestamento que começou há mais de uma geração.

(4.5) O papel das empresas no desenvolvimento sustentável

Dias (2006) diz que as empresas são as peças fundamentais no processo do desenvolvimento sustentável, que elas precisam enxergar que conseguirão vantagens competitivas e novas oportunidades de negócio; no entanto, é preciso que haja uma mudança muito grande e seja desenvolvido um novo conceito da ética empresarial.

Como citamos anteriormente neste capítulo, a sustentabilidade deve sair do conceito e ser colocada em prática. Conforme Bader (2008), várias empresas adotaram o sistema de sustentabilidade, também chamado de *gestão ambiental*, sendo que muitas participam do Pacto Global das Nações Unidas, o qual visa a uma administração voltada para a responsabilidade social e ambiental. Para acompanhar a evolução e a manutenção dessas práticas, são divulgados relatórios de sustentabilidade, utilizando os padrões mundiais desenvolvidos pela Global Reporting Initiative (GRI) como comparativo.

Para Dias (2006), as organizações que objetivam trabalhar com base no desenvolvimento sustentável precisam ser economicamente viáveis, ou seja, dar retorno ao investimento realizado pelo capital privado; em termos sociais, devem proporcionar melhores condições de trabalho aos funcionários, dar oportunidade a deficientes e participar de ações socioculturais das comunidades em que estiverem instaladas e, do ponto de vista ambiental, devem procurar a ecoeficiência, adotando tecnologias limpas e uma postura de responsabilidade ambiental.

Dias (2006) afirma que o desenvolvimento sustentável apresenta três dimensões, que são: econômica, social e ambiental.

Figura 4.1 – Equilíbrio dinâmico da sustentabilidade

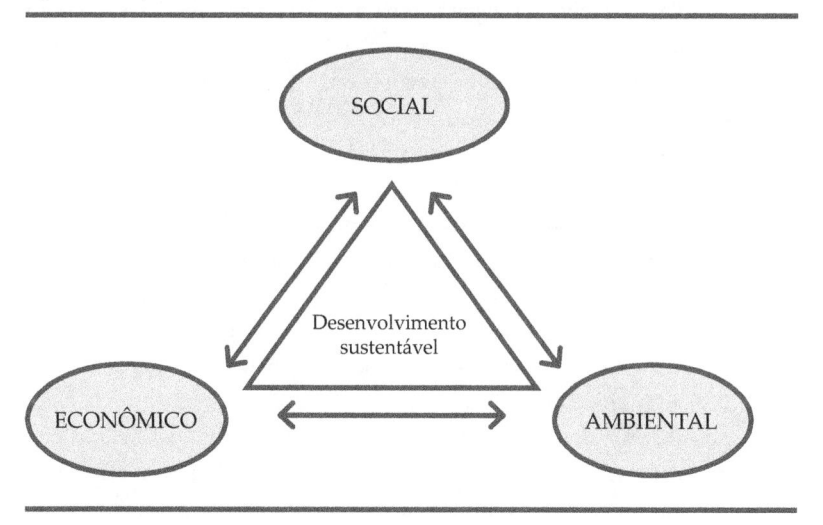

Fonte: Dias, 2006.

Na Conferência das Nações Unidas sobre o Meio Ambiente e Desenvolvimento, ou Cúpula da Terra (Rio- 92), o Conselho Empresarial para o Desenvolvimento Sustentável participou ativamente, reunindo líderes empresariais de diversos países para a temática da empresa e o meio ambiente. Posteriormente, foi elaborado o documento *Mudando o rumo: uma perspectiva global do empresariado para o desenvolvimento e o meio ambiente*.

Em 1998, no Brasil, foi publicado, pela Confederação Nacional da Indústria (CNI), a *Declaração de Princípios da Indústria para o Desenvolvimento Sustentável*.

Declaração de Princípios da Indústria para o Desenvolvimento Sustentável

A CONFEDERAÇÃO NACIONAL DA INDÚSTRIA (CNI) considera que um dos grandes desafios do mundo atual é conciliar crescimento econômico e social com equilíbrio ecológico.

Para que tal desafio seja superado, a CNI entende como essencial que as indústrias desenvolvam suas atividades comprometidas com a proteção do meio ambiente, a saúde, a segurança e o bem-estar dos seus trabalhadores e das comunidades.

Neste sentido, a CNI propõe que a indústria brasileira se empenhe em atender aos princípios listados a seguir:

1. Promover a efetiva participação proativa do setor industrial, em conjunto com a sociedade, os parlamentares, o governo e organizações não governamentais no sentido de desenvolver e aperfeiçoar leis, regulamentos e padrões ambientais.
2. Exercer a liderança empresarial, junto à sociedade, em relação aos assuntos ambientais.
3. Incrementar a competitividade da indústria brasileira, respeitados os conceitos de desenvolvimento sustentável e racional dos recursos naturais e de energia.
4. Promover a melhoria contínua e o aperfeiçoamento dos sistemas de gerenciamento ambiental, saúde e segurança do trabalho nas empresas.
5. Promover a monitoração e a avaliação dos processos e parâmetros ambientais nas empresas. Antecipar a análise e os estudos das questões que possam causar problemas ao meio ambiente e à saúde humana, bem como implementar ações apropriadas para proteger o meio ambiente.
6. Apoiar e reconhecer a importância do envolvimento contínuo e permanente dos trabalhadores e do comprometimento da supervisão nas empresas, assegurando que eles tenham o conhecimento e o treinamento necessários com relação às questões ambientais.

7. Incentivar a pesquisa e o desenvolvimento de tecnologias limpas, com o objetivo de reduzir ou eliminar impactos adversos ao meio ambiente e à saúde da comunidade.
8. Estimular o relacionamento e parcerias do setor privado com o governo e com a sociedade em geral, na busca do desenvolvimento sustentável, bem como na melhoria contínua dos processos de comunicação.
9. Estimular as lideranças empresariais a agir permanentemente junto à sociedade com relação aos assuntos ambientais.
10. Incentivar o desenvolvimento e o fornecimento de produtos e serviços que não produzam impactos inadequados ao meio ambiente e à saúde da comunidade.
11. Promover a máxima divulgação e conhecimento da Agenda 21 e estimular sua implementação.

Fonte: CNI, 2009.

Em 2007, Lucia Rebouças, jornalista do jornal *Gazeta Mercantil*, escreveu um artigo intitulado *Brasil é referência na América Latina*, referindo-se à responsabilidade socioambiental. Segue um trecho do artigo (Rebouças, 2009):

> O Brasil é referência em responsabilidade socioambiental na América Latina e tem recebido grupos de diversos países da região, interessados em conhecer de perto o que as companhias estão fazendo. Um levantamento feito pela consultoria Management & Excellence (M&E) coloca o Brasil em destaque em 78 indicadores de sustentabilidade respeitados mundialmente. O estudo mediu o desempenho de 50 companhias nos quesitos ética, transparência, responsabilidade social, governança corporativa e sustentabilidade. A Petrobras liderou o "ranking", com nota máxima em quatro das cinco categorias, seguida por CPFL. De acordo com o Instituto Ethos – entidade que tem entre seus objetivos auxiliar as empresas a incorporar o conceito de sustentabilidade no cotidiano de sua gestão – nos últimos seis anos o número de empresas preocupadas com a responsabilidade socioambiental deu um passo gigante. Em 2000, o número de associados do instituto não chegava a 300; agora já são 1.100.

Esse artigo é uma amostra de que o empresariado brasileiro já reconheceu a importância e as vantagens do desenvolvimento sustentável para seu negócio, sendo hoje um referencial para outros países.

(.) Ponto final

Vimos neste capítulo que o século XXI tem o grande desafio de atender às necessidades da sociedade sem comprometer as gerações futuras, princípio do desenvolvimento sustentável. A base da sustentabilidade está fundamentada no desenvolvimento econômico, com responsabilidade ambiental e social. Para as empresas o desenvolvimento sustentável é um novo conceito da ética de fazer negócios.

Indicação cultural

A fim de complementar o nosso estudo, sugerimos a revista digital *Meio Ambiente*, que apresenta artigos e notícias atualizadas sobre sustentabilidade.

REVISTA MEIO AMBIENTE. Disponível em: <http://www.revistameioambiente.com.br/categoria/sustentabilidade>. Acesso em: 12 mar. 2012.

Atividades

1. Analise as sentenças a seguir e, em seguida, assinale a resposta correta:
   I. Em 1987, foi publicado o informe Brundtland, da CMMAD, o Nosso futuro comum. Esse documento formaliza o conceito de desenvolvimento sustentável, vinculando a economia, a ecologia e o bem social.
   II. O conceito de sustentabilidade teve sua origem na apicultura.
   III. Agenda 21 consiste em um programa com ações, recursos e responsabilidades definidos, cujo objetivo consiste em alcançar o desenvolvimento sustentável global.
   IV. As empresas são a peças fundamentais no processo do desenvolvimento sustentável, no entanto, elas precisam enxergar que conseguirão vantagens competitivas e novas oportunidades de negócio.

   a. Somente I, II e III estão corretas.
   b. Somente II, III e IV estão corretas.
   c. Somente I, III e IV estão corretas.
   d. Todas estão corretas.
   e. Nenhuma está correta.

(5)

Políticas públicas ambientais

Este capítulo abordará os instrumentos políticos públicos ambientais criados pelos governos para realizar a gestão ambiental e conter a devastação dos recursos naturais e o aumento da poluição. Tratará também da evolução da política pública ambiental brasileira e de quais são os instrumentos da atual Política Nacional do Meio Ambiente Brasileira.

(5.1) Instrumentos da política pública ambiental

A preocupação com a gestão ambiental surgiu com os governos, que agiam conforme os problemas apareciam. Tomaram um formato mais sistemático após a Revolução Industrial, ainda de forma corretiva, isto é, agiam sobre ocorrências e com ações corretivas. Foi na década de 1970, com vários movimentos e discussões sobre os problemas de escassez de recursos naturais e as contaminações, que vários países trataram as questões ambientais de forma integrada e com uma abordagem preventiva. Barbieri (2007, p. 71) conceitua a gestão ambiental pública como "o conjunto de objetivos, diretrizes e instrumentos de ação que o poder público dispõe para produzir efeitos desejáveis sobre o meio ambiente". Com a participação cada vez mais efetiva do poder público sobre as questões ambientais, surgiram vários instrumentos de políticas públicas.

Esses instrumentos podem ser classificados em COMANDO E CONTROLE e ECONÔMICO E OUTROS, como bem exemplifica Barbieri no quadro a seguir.

Quadro 5.1 – Instrumentos de política pública ambiental – classificação e exemplos

Gênero	Espécies
Comando e controle	<ul><li>Padrão de emissão;</li><li>Padrão de qualidade;</li><li>Padrão de desempenho;</li><li>Padrões tecnológicos;</li><li>Proibições e restrições sobre produção, comercialização e uso de produtos e processos;</li><li>Licenciamento ambiental;</li><li>Zoneamento ambiental;</li><li>Estudo prévio de impacto ambiental.</li></ul>
Econômico	<ul><li>Tributação sobre poluição;</li><li>Tributação sobre uso de recursos naturais;</li><li>Incentivos fiscais para reduzir emissões e conservar recursos;</li><li>Remuneração pela conservação de serviços ambientais;</li><li>Financiamentos em condições especiais;</li><li>Criação e sustentação de mercados de produtos ambientalmente saudáveis;</li><li>Permissões negociáveis;</li><li>Sistema de depósito retorno;</li><li>Poder de compra do Estado.</li></ul>

(continua)

(Quadro 5.1 – conclusão)

Gênero	Espécies
Outros	• Apoio ao desenvolvimento científico e tecnológico; • Educação ambiental; • Unidades de conservação; • Informações ao público.

Fonte: Barbieri, 2007.

Instrumento de comando e controle

É o instrumento que limita e condiciona o uso de bens, a realização de atividades e o exercício de liberdades individuais em benefício da sociedade. Entre os comandos e os controles mais conhecidos, estão aqueles que estabelecem padrões ou níveis de concentração máximos aceitáveis de poluentes. Esses padrões podem ser de qualidade ambiental, emissões e estágio tecnológico.

Instrumento econômico

Conforme Barbieri (2007, p. 75), esse instrumento visa interferir nas ações das pessoas e das organizações em relação ao meio ambiente por meio de medidas que representam custos ou benefícios. Esse recurso pode ser do tipo fiscal ou de mercado.

Instrumento econômico fiscal

O instrumento econômico fiscal atua mediante a transferência de recursos entre os agentes privados e o setor público por meio de subsídios ou tributos. Barbieri (2007, p. 76) exemplifica alguns tipos de subsídios e tributos utilizados em alguns países voltados às questões ambientais.

- Subsídios – Alguns tipos de subsídios são:
    - renúncia ou transferência de receita dos órgãos estatais como benefício aos agentes privados em detrimento da redução dos níveis de degradação;
    - retardamento de impostos;
    - condições especiais de financiamentos, estimulando práticas ambientais específicas e auxiliando na implementação de projetos de controle e prevenção da poluição ou substituição de recursos produtivos;
    - depreciação acelerada para equipamentos e instalações para proteção ambiental.

- Tributos – Conforme Barbieri (2007), nesse caso, são transferidos recursos em decorrência de algum problema ambiental como:
  - *Tributação sobre emissões: encargos cobrados sobre a descarga de poluentes geralmente calculados com base nas características dos poluentes [...];*
  - *Tributação sobre a utilização de serviços públicos de coleta e tratamento de efluentes;*
  - *Tributação que incide sobre os preços de produtos que geram poluição ao serem utilizados em processos produtivos ou pelo consumidor final, como as taxas cobradas sobre os derivados de petróleo, carvão, energia elétrica, baterias, pneus, produtos que contêm enxofre e CFCs;*
  - *Tributação que incide sobre produtos supérfluos; e*
  - *Tributação baseada em alíquotas diferenciadas sobre produtos, gravando os produtos de acordo com o seu grau de impacto ambiental, com o objetivo de induzir a produção e o consumo dos produtos mais benéficos ao meio ambiente.*

- Princípio do poluidor-pagador – Esse princípio surgiu na década de 1970, com a tomada de consciência e a preocupação de âmbito mundial com a preservação do meio ambiente; encontra-se consolidado no item 16 da Declaração do Rio de Janeiro, de 1992.

Sua proposta central é de que aquele que degrada o meio ambiente tem o dever de recuperar ou de indenizar, porém, não traz consigo, ao contrário do que possa parecer, o princípio de pagar para poluir ou poluir mediante pagamento.

De acordo com Colombo (2006), o princípio do poluidor-pagador tem como medida procurar inibir a conduta lesiva a ser praticada pelo poluidor e também atua como repressor, por meio do instituto da responsabilização. Passou a se revelar um instrumento econômico e ambiental indispensável à preservação do meio ambiente.

Instrumento econômico de mercado

Esse instrumento é utilizado nas transações entre organizações privadas, sendo o mercado regulado pelo governo. Barbieri (2007, p. 80) explica:

> *Há diversas formas de mercado de permissões e todas foram criadas a partir da fixação de níveis aceitáveis de poluição em diferentes períodos e da colocação de certificados de permissões transferíveis de um determinado poluente à venda num mercado de títulos. Os detentores desses títulos terão o direito de poluir até a soma das quantidades dos seus títulos e poderão vendê-los segundo os valores cotados pelo mercado. O governo pode estabelecer um nível fixo de poluição numa determinada região ou país, de modo que novos produtores poluidores só serão admitidos se comprarem títulos de poluição de quem já conseguiu reduzir seu nível de emissão.*

Outra forma, continua Barbieri (2007, p. 81), são os sistemas de depósito-retorno, em que os valores depositados na compra de certos produtos serão devolvidos quando retornarem aos pontos de armazenagem. Por exemplo: o sistema de depósito entre o usuário e o supermercado ou mercearia, no qual o consumidor recebe um vale sobre os vasilhames e depois desconta na hora de pagar as compras. Essas transações podem ser feitas com embalagens plásticas, latas etc. que, após o recolhimento, voltam a sistemas produtivos (vidros) ou utilizados para reciclagem.

Outros instrumentos

O instrumento de comando e de controle é necessário para controlar a degradação ambiental emergente. Sem essa ferramenta, provavelmente a Terra seria hoje inabitável. Os instrumentos econômicos possibilitam e incentivam as empresas a buscarem continuamente soluções para os problemas ambientais por elas gerados. No entanto, somente em longo prazo, com o desenvolvimento científico e tecnológico e também a educação ambiental, teremos as melhores contribuições das práticas empresariais, por isso elas devem constar nas políticas públicas.

Inovações tecnológicas

É importante que as políticas públicas contemplem o incentivo à realização de projetos que objetivem desenvolver tecnologias ambientalmente saudáveis. É preciso também que tenham mecanismos que promovam recursos necessários para adotar as novas soluções encontradas no mercado.

Educação ambiental

A educação ambiental recebeu uma atenção especial na Conferência das Nações Unidas em Estocolmo, em 1972, e depois se fazendo presente em todas as demais convenções sobre o meio ambiente. Em Belgrado, 1975, foi criada no Programa Internacional de Educação Ambiental (Piea) a *Carta de Belgrado*, a qual estabeleceu metas, objetivos e diretrizes para estruturar um programa de educação ambiental. No Brasil, a Política Nacional do Meio Ambiente, decretada por meio da Lei nº 6.938, de 31 de agosto de 1981 (Brasil, 1981b), tinha como um dos os níveis de ensino a educação da comunidade. Na Constituição Federal de 1988 (Brasil, 1988), a educação ambiental passou a ser obrigatória nas escolas. Mas foi somente em 2002, com o Decreto nº 4.281, de 25 de junho (Brasil, 2002), que foi regulamentada a Política Nacional de Educação Ambiental criada pela Lei nº 9.795, de 27 de abril de 1999 (Brasil, 1999).

Acordos voluntários

São acordos realizados entre organizações privadas ou com agentes públicos, em caráter voluntário, em que os agentes se comprometem a realizar alguma ação para melhorar o desempenho ambiental.

(5.2) Política pública ambiental brasileira

Por ser um país de vastas terras e possuir flora e fauna abundantes, o controle do consumo abusivo dos recursos naturais e os seus impactos ao meio ambiente nunca foram questões de reflexão para os governantes do Brasil até o início do século XX. Vemos na história algumas ações que, ainda que isoladas, sempre foram de interesses econômicos.

O Brasil se voltou para a questão ambiental quando teve início o seu processo de industrialização. Barbieri (2007, p. 98) informa que somente em 1934 o país promulgou documentos relativos à gestão de recursos naturais, que são: Código da Caça, Código Florestal, Código de Minas e Código da Água. Porém, essas políticas foram criadas de maneira setorial (águas, florestas, mineração etc.) e para cada uma foram criados órgãos específicos, como Departamento Nacional de Recursos Minerais, Departamento Nacional de Águas e Energia Elétrica e outros.

De acordo com Dias (2006, p. 84), na década de 1960, o Brasil entrou em um ritmo intenso de industrialização, ocasionando um aumento descontrolado das áreas urbanas e, por conseguinte, o crescente impacto ambiental. O Estado de São Paulo foi o mais atingido, por tratar-se da região em que mais se concentraram os polos industriais, como nas cidades de Cubatão, Volta Redonda e no ABC Paulista.

Barbieri (2007, p. 99) nos conta que, com a participação na Conferência de Estocolmo, em 1972, o Brasil entrou em sua segunda fase na política pública ambiental, mesmo que o governo militar não reconhecesse a gravidade do problema ambiental, já que seu objetivo era o crescimento econômico sem levar em conta o meio ambiente e a distribuição de renda. Em 1973, foi criada a Secretaria Especial do Meio Ambiente (Sema), vinculada à Presidência da República. Com isso, os Estados criaram suas agências ambientais especializadas, como a Companhia Ambiental do Estado de São Paulo (Cetesb) no Estado de São Paulo, em 1973, e a Fundação Estadual de Engenharia do Meio Ambiente (Feema), em 1975, no Estado do Rio de Janeiro. Conforme Barbieri (2007, p. 99), o Brasil, seguindo uma conduta mundial, principalmente de países em desenvolvimento, tomava ações corretivas e de forma isolada, não reconhecendo que os problemas estavam interligados, como podemos ver nos textos legais a seguir:

- Decreto-Lei nº 1.413, de 14 de agosto de 1975, sobre medida de prevenção da poluição industrial;
- Lei nº 6.453, de 17 de outubro de 1977, sobre responsabilidades civil e criminal relacionadas com atividades nucleares;
- Lei nº 6.567, de 24 de outubro de 1978, sobre regime especial para exploração e aproveitamento das substâncias minerais;
- Lei nº 6.803, de 02 de julho de 1980, sobre diretrizes básicas para o zoneamento industrial nas áreas críticas de poluição;
- Lei nº 6.766, de 19 de dezembro de 1979, sobre o parcelamento do solo urbano;
- Lei nº 6.902, de 27 de abril de 1981a, sobre a criação de estações ecológicas e áreas de proteção ambiental.

De acordo com Barbieri (2007, p. 100), com a LEI Nº 6.938, DE 31 DE AGOSTO DE 1981, que estabeleceu a Política Nacional do Meio Ambiente, o país entrou em sua terceira fase de evolução nessa questão. Essa política constituiu um grande avanço, pois integrou as ações governamentais dentro de uma abordagem sistêmica. Foi criado o Sistema Nacional do Meio Ambiente (Sisnama), responsável pela proteção e melhoria do meio ambiente.

O Sisnama é constituído por órgãos e entidades da União, dos estados, do Distrito Federal e dos municípios, como podemos observar no quadro a seguir.

Quadro 5.2 – Sistema Nacional do Meio Ambiente (Sisnama) – Componentes

Órgão superior	Conselho de Governo. Deve auxiliar o presidente da República na formulação de políticas públicas.
Órgão consultivo e deliberativo	Conselho Nacional do Meio Ambiente (CONAMA), presidido pelo ministro do Meio Ambiente. Analisa, delibera e propõe diretrizes e normas sobre política ambiental.
Órgão central	Ministério do Meio Ambiente, dos Recursos Hídricos e da Amazônia Legal (MMA). É o órgão responsável pelo planejamento, coordenação, supervisão e controle da Política Nacional do Meio Ambiente.
Órgão executor	Instituto Brasileiro do Meio Ambiente e dos Recursos Naturais (IBAMA). Autarquia vinculada ao Ministério do Meio Ambiente que executa e fiscaliza a política ambiental no âmbito federal.

(continua)

(Quadro 5.2 – conclusão)

Órgãos seccionais	Órgãos ou entidades estaduais responsáveis pela execução de programas, projetos e pelo controle e fiscalização de atividades capazes de provocar a degradação ambiental.
Órgãos locais	Os órgãos ou entidades municipais responsáveis pelo controle e fiscalização dessas atividades nas suas respectivas jurisdições.

Fonte: Barbieri, 2007, p. 101.

A Política Nacional do Meio Ambiente (Brasil, 1981b) considera o meio ambiente um patrimônio público que deve ser assegurado e protegido em vista do uso coletivo. Para tanto, adere ao princípio do poluidor-pagador, conceituando-o no art. 4º, "à imposição, ao poluidor e ao predador, da obrigação de recuperar e/ou indenizar os danos causados e, ao usuário, da contribuição pela utilização de recursos ambientais com fins econômicos".

O próximo grande avanço aconteceu na Constituição Federal de 1988, que, influenciada pelo relatório "Nosso futuro comum", publicado em 1987, resultado dos trabalhos da CMMAD, incorporou o conceito de desenvolvimento sustentável. Em seu capítulo VI, o art. 225 da Constituição Federal (Brasil, 1988) diz que:

Art. 225. Todos têm direito ao meio ambiente ecologicamente equilibrado, bem de uso comum do povo e essencial à sadia qualidade de vida, impondo-se ao Poder Público e à coletividade o dever de defendê-lo e preservá-lo para as presentes e futuras gerações.
§ 1º – Para assegurar a efetividade desse direito, incumbe ao Poder Público:
I – preservar e restaurar os processos ecológicos essenciais e prover o manejo ecológico das espécies e ecossistemas;
II – preservar a diversidade e a integridade do patrimônio genético do País e fiscalizar as entidades dedicadas à pesquisa e manipulação de material genético;
III – definir, em todas as unidades da Federação, espaços territoriais e seus componentes a serem especialmente protegidos, sendo a alteração e a supressão permitidas somente através de lei, vedada qualquer utilização que comprometa a integridade dos atributos que justifiquem sua proteção;
IV – exigir, na forma da lei, para instalação de obra ou atividade potencialmente causadora de significativa degradação do meio ambiente, estudo prévio de impacto ambiental, a que se dará publicidade;
V – controlar a produção, a comercialização e emprego de técnicas, métodos e substâncias que comportem risco para a vida, a qualidade de vida e o meio ambiente;
VI – promover a educação ambiental em todos os níveis de ensino e a conscientização pública para a preservação do meio ambiente;

VII – proteger a fauna e a flora, vedadas, na forma da lei, as práticas que coloquem em risco sua função ecológica, provoquem a extinção de espécies ou submetam os animais a crueldade.

§ 2º – Aquele que explorar recursos minerais fica obrigado a recuperar o meio ambiente degradado, de acordo com solução técnica exigida pelo órgão público competente, na forma da lei.

§ 3º – As condutas e atividades consideradas lesivas ao meio ambiente sujeitarão os infratores, pessoas físicas ou jurídicas, a sanções penais e administrativas, independentemente da obrigação de reparar os danos causados.

§ 4º – A Floresta Amazônica brasileira, a Mata Atlântica, a Serra do Mar, o Pantanal Mato-Grossense e a Zona Costeira são patrimônio nacional, e far-se-á, na forma da lei, dentro de condições que assegurem a preservação do meio ambiente, inclusive quanto ao uso dos recursos naturais.

§ 5º – São indisponíveis as terras devolutas ou arrecadadas pelos Estados, por ações discriminatórias, necessárias à proteção dos ecossistemas naturais.

§ 6º – As usinas que operem com reator nuclear deverão ter sua localização definida em lei federal, sem o que não poderão ser instaladas.

Como podemos observar, esse artigo engloba, entre outros itens, a preservação e a restauração de processos ecológicos; a proteção do patrimônio genético; a definição de espaços territoriais e seus componentes a serem protegidos; a exigência do estudo de impacto ambiental de toda atividade potencialmente causadora de danos ambientais antes de sua instalação; a promoção da educação ambiental em todos os níveis, com o objetivo de ter um meio ambiente equilibrado, sendo um bem de uso comum para os presentes e para as futuras gerações.

(5.3) Instrumentos da Política Nacional do Meio Ambiente

A Lei nº 6.938/1981, em seu art. 9º, estabelece como seus instrumentos da política:

[...]
I – o estabelecimento de padrões de qualidade ambiental;
II – o zoneamento ambiental;
III – a avaliação de impactos ambientais;
IV – o licenciamento e a revisão de atividades efetivas ou potencialmente poluidoras;
V – os incentivos à produção e instalação de equipamentos e a criação ou absorção de tecnologia, voltados para a melhoria da qualidade ambiental;

VI – a criação de espaços territoriais especialmente protegidos pelo Poder Público federal, estadual e municipal, tais como áreas de proteção ambiental, de relevante interesse ecológico e reservas extrativistas;
VII – o sistema nacional de informações sobre o meio ambiente;
VIII – o Cadastro Técnico Federal de Atividades e Instrumentos de Defesa Ambiental;
IX – as penalidades disciplinares ou compensatórias ao não cumprimento das medidas necessárias à preservação ou correção da degradação ambiental;
X – a instituição do Relatório de Qualidade do Meio Ambiente, a ser divulgado anualmente pelo Instituto Brasileiro do Meio Ambiente e Recursos Naturais renováveis – IBAMA;
XI – a garantia da prestação de informações relativas ao Meio Ambiente, obrigando-se ao Poder Público a produzi-las, quando inexistentes;
XII – o Cadastro Técnico Federal de atividades potencialmente poluidoras e/ou utilizadoras de recursos ambientais;
XIII – instrumentos econômicos, como concessão florestal, servidão ambiental, seguro ambiental e outros.

Barbieri (2007, p. 104) caracteriza os instrumentos I, II, III, IV, VI e IX como sendo de comando e controle, os instrumentos V e XII como sendo econômicos e, por fim, os instrumentos VII, VIII, X, XI e XII sendo de cunho administrativo. O princípio do instrumento econômico, como vimos anteriormente, é a relação de transferência de recursos de agentes públicos para o setor privado ou vice-versa, entretanto, o Brasil utiliza essa ferramenta com alguma particularidade, pois a transferência de recursos pode ocorrer também entre entes federados, por exemplo, os estados com os municípios.

Um exemplo dessa transferência foi a Lei Complementar nº 59, de 1º de outubro de 1999, em que o Poder Público Estadual do Paraná, em aliança com os municípios, criou o Imposto sobre Circulação de Mercadorias e Serviços (ICMS) Ecológico, por meio do qual o Estado transfere parte do recurso arrecadado para os municípios para fins de ações ambientais. Para esclarecer, Loureiro (2002, p. 215) comenta que o

> *ICMS Ecológico é a denominação para qualquer critério ou a um conjunto de critérios de caráter ambiental, usado para estabelecer o percentual que cada município de um determinado Estado tem direito a receber quando do repasse constitucional da quota-parte do Imposto de circulação de Mercadorias e Serviços (ICMS).*

O primeiro estado a utilizar essa lei para incentivar a criação de unidades de conservação e para os municípios que possuem mananciais que também abastecem outros municípios foi o Paraná, em 1991. O governo da época definiu que

5% do total de recursos seriam repassados para os municípios, na proporção de 50% para os que possuem mananciais e os outros 50% para os que possuem unidades de conservação.

O ICMS Ecológico evoluiu, passando para um instrumento incentivador direto ou indireto de conservação, estimulando os municípios a criarem unidades de conservação ou a preservarem as unidades já existentes por meio da regularização fundiária, do planejamento, da implementação e da manutenção da região.

Seguindo os passos do Paraná, o ICMS Ecológico foi colocado em prática pelos Estados de "São Paulo (1993), Minas Gerais (1995), Rondônia (1996), Rio Grande do Sul (1998), Mato Grosso do Sul (2001) e Mato Grosso (2001). Em fase de implementação ou regulamentação em Pernambuco, Tocantins e Amapá, e em debate ou tramitação nas casas legislativas dos Estados da Bahia, Goiás, Pará, Santa Catarina, Ceará e Rio de Janeiro" (Feijó, 2008).

(.) Ponto final

No passado, a gestão ambiental se limitava a ações governamentais sobre fatos já ocorridos, apenas ações de correções. Com a cobrança mais efetiva da sociedade foi criada a gestão pública ambiental com objetivos, princípios e criados instrumentos de ação, passando assim para ações preventivas. O Brasil, com a Lei nº 6.938/1981, instituiu a Política Nacional do Meio Ambiente e, na Constituição Federal de 1988, incorporou o conceito de desenvolvimento sustentável.

Indicação cultural

A fim de complementar o nosso estudo, sugerimos o *site* do Ministério do Meio Ambiente, que apresenta notícias atualizadas sobre o que ocorre em termos de legislação e ações do governo em relação ao meio ambiente.

BRASIL. Ministério do Meio Ambiente. Disponível em: <www.meioambiente.gov.br>. Acesso em: 12 mar. 2012

Atividade

1. Assinale (V) para as alternativas verdadeiras e (F) para as falsas:
    ( ) O comando de controle é o instrumento que limita e condiciona o uso de bens, a realização de atividades e o exercício de liberdades individuais em benefício da sociedade.

( ) O instrumento de comando visa ajudar nas ações das pessoas e organizações em relação ao meio ambiente, por meio de medidas que representam custos ou benefícios.

( ) Princípio do poluidor-pagador tem como medida procurar inibir a conduta lesiva a ser praticada pelo poluidor e também atua como repressor, por meio do instituto da responsabilização.

( ) A Constituição Federal de 1988 instituiu a Política Nacional do Meio Ambiente.

( ) O ICMS Ecológico estimula os municípios a criarem unidades de conservação, ou a conservar as unidades já existentes por meio da regularização fundiária, do planejamento, da implementação e da manutenção da região.

Indique a sequência correta:

a. F, V, V, F, F.
b. V, V, V, F, V.
c. V, F, F, V, V.
d. V, V, V, V, V.
e. V, F, V, F, V.

(6)

As empresas, o meio ambiente
e a sociedade

Rosane Regina Pilger

Neste capítulo, veremos por que a indústria passou de símbolo de progresso para símbolo de poluição e como era e é hoje a relação da indústria com o meio ambiente e a sociedade. Veremos também os fatores externos e internos que influenciam as empresas a implantar um modelo de gestão ambiental.

(6.1) As empresas e o meio ambiente

No início da industrialização, os problemas de ambientais eram de pequena expressão, pois as indústrias estavam mais espalhadas e a sua escala de produção era reduzida. A indústria era um símbolo de crescimento, de modernização e de riqueza. A fumaça de suas chaminés significava o progresso, portanto, as exigências ambientais eram mínimas.

Com o crescimento desenfreado, já comentado em capítulos anteriores, houve uma alteração no nível de exigências da sociedade e, por conseguinte, dos governantes. A partir de então, a fumaça das chaminés passou a ser um símbolo de poluição.

Nos processos industriais, são utilizados recursos naturais que se encontram no meio ambiente e, devido à sua execução deficiente, além do bem de consumo, são produzidos resíduos de todo tipo, que contaminam o mesmo meio ambiente. Em relação a essa situação, Hardin, citado por Dias (2006), fala com muita propriedade:

> *De maneira inversa, a tragédia dos recursos comuns reaparece nos problemas de contaminação. Aqui o assunto não é retirar algo dos recursos comuns, mas colocar algo dentro – drenagens ou refugos químicos, radioativos ou térmicos na água; gases nocivos e perigosos no ar; anúncios ou sinais perturbadores e desagradáveis na paisagem. Os cálculos dos benefícios são muito semelhantes aos que foram mencionados antes. O homem razoável descobre que sua parte dos custos dos desperdícios que descarrega nos recursos comuns é muito menor que o custo de purificar seus desperdícios antes de desfazer-se deles. Já que isto é válido para todos, estamos aprisionados em que um sistema de "sujar nosso próprio ninho", e assim prosseguiremos, embora atuemos unicamente como livres empresários, independentes e racionais.*

Em outras palavras, a empresa que busca benefício privado por meio da exploração dos recursos naturais, bem comum de todos, e do descarte de seus resíduos pode causar um impacto ambiental, atingindo o bem-estar de pessoas que nada têm a ver com o seu processo. De acordo com Dias (2006, p. 46), esse impacto ambiental, na visão econômica, é chamado de *custos externos* ou *externalidade*, pois não faz parte dos custos internos das empresas, já que estas não se consideram responsáveis pelo tratamento de seus processos de produção, passando a conta para a sociedade em geral, por meio contaminação do ar, do solo, dos lençóis de água, da deterioração dos recursos naturais e do esgotamento destes. Esse conceito precisa ser mudado. No momento em que o empresário assume a conta sobre o impacto ambiental, ele irá à busca de processos mais eficientes e inovadores, pois sabe que o valor de seu produto será afetado diretamente, podendo inviabilizar seu negócio.

Donaire (1999, p. 35) comenta que a exigência de internalização dos custos do impacto ambiental era encarada pelo empresariado como um freio ao crescimento da produção devido aos grandes investimentos de difícil recuperação, tornando-se um fator de aumento dos custos de produção. Hoje, assumir essa responsabilidade é uma necessidade para se manter no mercado; é estar pronto para as oportunidades de negócio e estar prevenido contra futuras restrições ao acesso a mercados internacionais.

(6.2) As empresas e a sociedade

De acordo com Donaire (1999, p. 34), os protestos constantes da população contra os riscos de desastres ecológicos ou da deterioração da qualidade de vida obrigaram os governos a implantarem normas cada vez mais rígidas para a proteção e a conservação dos recursos naturais e o meio ambiente contra agentes poluentes.

As empresas são as maiores causadoras dos problemas climáticos e de deterioração do meio ambiente e, como tais, precisam assumir a responsabilidade desses problemas, desde a degradação de áreas naturais, todos os tipos de poluição, destinação final dos resíduos e muitos outros.

Segundo Dias (2006, p. 71), as organizações de agentes ambientalistas se tornaram cada vez mais importantes dentro desse contexto, pois elas esclarecem para a sociedade de forma simples a complexidade que envolve a questão ambiental e as fontes possíveis de degradação. Esses agentes realizam grandes ações contra empresas que poluem o meio ambiente e utilizam a mídia como um mecanismo de denúncias, contribuindo para a transformação da sociedade de consciência conservacionista em uma sociedade de consciência protecionista.

Outra questão relevante para a pressão da sociedade é a mudança de valores, a qual, de acordo com Dias (2006, p. 71), passou da busca pelo progresso material para a busca de qualidade de vida. Vemos essa postura mais acentuada nas comunidades de países desenvolvidos que em países em desenvolvimento, pois os primeiros possuem uma história mais longa de experiências com os efeitos danosos do progresso (poluição, acidentes ambientais) e agora procuram a condição que décadas atrás devastaram.

(6.3) Fatores que influenciam as empresas

Existem diversos fatores que podem exigir uma resposta das empresas a respeito da eliminação ou da redução da contaminação do meio ambiente. Entre eles, temos o Estado, a comunidade local, o mercado e os fornecedores.

O Estado

O Estado, por meio de seus instrumentos legais, tem como objetivo proteger a saúde das pessoas e o bem comum, o meio ambiente. Como vimos no Capítulo 5, as políticas públicas ambientais possuem o instrumento de comando e controle para estabelecer limites de emissões de poluentes e de suas qualidades, como também proibições e restrições em produção. Não é mais permitida a abertura de empresas sem o licenciamento ambiental e, de acordo com o tamanho da organização, é necessário fazer um estudo do impacto ambiental. Toda organização que não estiver dentro dos padrões preestabelecidos pelos órgãos reguladores estará sujeita às penalidades, que vão de multas até o encerramento de suas atividades.

Quadro 6.1 – *Alguns exemplos de atuação do Estado contra empresas poluidoras*

11/1995	A Fiat do Brasil foi multada em 3,9 milhões de reais pelo Instituto Brasileiro do Meio Ambiente e dos Recursos Naturais Renováveis (Ibama) por não atender aos padrões legais de emissões veiculares, que eram exigidos desde 1987 para os veículos novos que saíam das montadoras, que tinham de atender aos padrões do Programa de Controle da Poluição do Ar por Veículos Automotores – Proconve (Gramacho, 1995).
09/1995	Rhodia Indústria Químicas e Têxteis foi condenada por depositar lixo químico a céu aberto na região continental de São Vicente (SP). Segundo a sentença, a Rhodia teria de indenizar o Fundo de Reparação do Meio Ambiente do Estado de São Paulo em mais de 8 milhões de reais. Além disso, a empresa seria obrigada a remover os resíduos, isolar o solo contaminado e repor terra boa na superfície. Deveria também, enquanto houvesse possibilidade de contaminação, manter sob guarda as áreas afetadas para evitar ocupação humana. Ficaria ainda responsável pelo abastecimento de água à população, uma vez que os lençóis freáticos da região foram afetados (Nunes, 1995).
01/1996	A unidade de Suzano (SP), fabricante de sais orgânicos, por meio da emissão de gás sulfídrico, provocou a morte de três operários e atingiu outros cinco. A Cetesb multou a empresa em 72 mil reais. Além da multa, foi determinada a paralisação do setor onde ocorreu o acidente. A mesma empresa havia sido autuada por importar cerca de 200 toneladas de resíduos da Inglaterra. A empresa trouxe o material como micronutrientes para fertilizantes; no entanto, a Cetesb constatou a presença de metais pesados, como chumbo, cádmio e cromo. O material foi devolvido à Inglaterra (Serra, 1995).

(continua)

(Quadro 6.1 – conclusão)

08/2008	Ferrovia Centro Atlântica (FCA) foi condenada a pagar 27,5 milhões de reais ao Fundo Federal de Defesa de Interesses Difusos pelo vazamento de combustível resultante do descarrilamento, em 2000, de 11 vagões com 60 mil litros de combustível cada um, causando degradação ambiental. Os laudos mostram que houve poluição do ar atmosférico, decorrente da queima dos gases; dano à saúde humana; queima da vegetação rasteira e árvores; carbonização do solo e infiltração de óleo no subsolo; contaminação do lençol freático e possível mortandade de peixes (Amda, 2009).
02/2009	As empresas Basf, Servatis e Agripec Química e Farmacêutica foram condenadas a pagar um salário mínimo mensal a cada dos 1,2 mil pescadores do Rio Paraíba do Sul, enquanto eles estiverem impedidos de exercer as atividades profissionais em consequência de vazamento de produtos tóxicos que inviabilizou a pesca na região. O vazamento do pesticida Endosulfan ocorreu na madrugada do dia 18 de novembro de 2008 e foi causado por falha no descarregamento do produto na indústria química Servatis. Cerca de 1,5 mil litros do pesticida escoaram para o Rio Pirapetinga e, posteriormente, para o Paraíba do Sul, maior rio que corta o estado (Oliveira, 2009).

O Brasil, por meio da Lei nº 6.938, de 31 de agosto de 1981 (Brasil, 1981b), aderiu ao princípio do poluidor-pagador, cuja abrangência é total dentro do território nacional e não restrito somente à pessoa jurídica.

Com o instrumento econômico, o Estado objetiva estimular, com uma compensação financeira, as organizações que querem melhorar seus processos, para que trabalhem com menores índices de emissões ou com tecnologias limpas. E foi além: criou o ICMS Ecológico, com o qual incentiva os setores públicos por meio de retornos de impostos. Donaire (1999, p. 34) nos cita como exemplo o lançamento em São Paulo do Fundo Ecológico Crefisul-Ação Verde, cuja negociação está pautada em ações de empresas aprovadas por um comitê de ambientalistas e que tenham rentabilidade.

A comunidade local

Há alguns anos atrás, as pessoas vibravam com a instalação de empresas próximas de suas comunidades, pois isso significava oferta de trabalho, oportunidade de negócios e maior renda para sua cidade. Com as pessoas mais bem informadas, com as mudanças de valores, hoje a comunidade quer saber, além da questão dos benefícios, quais os danos gerados com a instalação de uma indústria, quais recursos naturais serão extraídos, que tipo de riscos a população pode vir a sofrer. A comunidade é uma reguladora informal.

O mercado

Como a preocupação com o meio ambiente tem aumentado constantemente, ela deixou de ser assunto somente para o Estado controlar, fiscalizar e punir e passou a ser uma preocupação do mercado. Conforme Donaire (1999, p. 36), o mercado verde surgiu inicialmente nos países desenvolvidos, nos quais os consumidores que tiveram suas necessidades quantitativas atendidas passaram a se preocupar com o conteúdo do produto, com a forma como são feitos e com a procedência destes.

Os fornecedores

Dias (2006, p. 49) lembra que existem empresas que até podem não estar sendo cobradas pelo Estado ou pela comunidade, porém, por pertencerem a uma cadeia produtiva, podem estar sendo pressionadas pelo seu cliente-empresa, que exige de seus fornecedores certificações ambientais para comprovar que suas unidades produtivas são respeitosas com o meio ambiente e possam atender ao seu mercado consumidor altamente exigente quanto à procedência do produto e de suas matérias-primas.

(6.4) A resposta das empresas

Diante desse cenário, no qual a pressão vem de todos os lados, conforme Donaire (1999, p. 49), as indústrias responderam agindo em três fases: controle ambiental nas saídas (controle da poluição), integração do controle ambiental nas práticas e nos processos industriais (prevenção da poluição) e integração do controle ambiental na gestão administrativa (abordagem estratégica).

Na primeira fase, a tecnologia implantada no final do processo produtivo irá somente conter a contaminação dentro das dependências da empresa, pois, uma vez criada, precisa ser tratada e/ou armazenada, tornando-se um passivo para a indústria que a gerou. E, por consequência, entrando nos custos que ela irá repassar ao mercado.

A segunda fase é o controle ambiental integrado nas práticas e no processo produtivo, passando a ser uma função da produção, e não mais uma função de controle. Donaire (1999, p. 36) explica que esse processo envolve a escolha de novas matérias-primas, de estudo e de desenvolvimento de novos processos e produtos, reaproveitando a energia, a reciclagem dos resíduos e a reintegração com o meio ambiente.

Devido a exigências do mercado competitivo, algumas empresas resolveram integrar o controle ambiental em sua gestão administrativa. Segundo Donaire (1999, p. 37), a proteção ambiental passou a fazer parte da estrutura organizacional e do planejamento estratégico, gerando políticas, metas e planos de ação.

As empresas estão cientes de que há vários benefícios aos que adotam atitudes de proteção ao meio ambiente. Dias (2006, p. 50) cita alguns:

- menores gastos com matéria-prima, energia e disposição para os resíduos;
- redução ou eliminação de custos futuros decorrentes de processos de despoluição;
- menores complicações legais (eliminação das multas ambientais);
- menores custos operacionais e de manutenção;
- menores riscos, atuais e futuros, aos funcionários, público e meio ambiente e, consequentemente, menores despesas.

(6.5) Estímulos para adoção de métodos de gestão ambiental

Os estímulos que as empresas recebem para adotar métodos de gestão ambiental podem ser internos, isto é, gerados dentro de sua organização, ou causados por agentes externos.

Estímulos internos

São vários os fatores que levam uma organização a implantar uma gestão ambiental. Dias (2006, p. 56) cita alguns:
- necessidade de redução de custos;
- incremento na qualidade do produto;
- melhoria da imagem do produto e da empresa;
- necessidade de inovação;
- aumento da responsabilidade social;
- sensibilização do pessoal interno.

Estímulos externos

Alguns estímulos externos já foram citados anteriormente, mas é importante relembrá-los devido ao seu grau de importância dentro desse contexto. De acordo com Dias (2006, p. 57), os estímulos externos são:

- DEMANDA DO MERCADO – O crescimento das exigências ambientais por parte dos clientes obriga as empresas a investirem em seus processos.
- CONCORRÊNCIA – A competitividade é uma realidade no dia a dia das organizações e exige delas atualização constante em processos e em gestão.
- PODER PÚBLICO E LEGISLAÇÃO – Cada vez mais políticas e controles ambientais exigem que as empresas estejam sempre atualizadas nas questões ambientais de sua região, país e dos países da qual exporta ou pretende vir a exportar.
- MEIO SOCIOCULTURAL – A maior cobrança da sociedade vem dos consumidores mais exigentes. No entanto, o grau de exigência está ligado ao tipo do meio social no qual a comunidade está inserida. Portanto, temos sociedades em que o equilíbrio com a natureza tem grande valor assim como vemos sociedades em desenvolvimento ou subdesenvolvidas em que a cultura é de consumo em massa.
- CERTIFICAÇÕES AMBIENTAIS – As certificações reconhecidas internacionalmente são cada vez mais cobradas pelos clientes de países desenvolvidos. Elas proporcionam à empresa um selo de qualidade ambiental, também chamado de *selo ecológico*. A seguir, vemos alguns selos ecológicos mundiais.

Quadro 6.2 – Principais selos ecológicos mundiais

PAÍS	SELO	ANO DO INÍCIO
Comunidade Europeia	Ecolabel	1992
Suécia	Environmental Choice	1990
Suécia	Nordic Swan	1986
Canadá	Ecological Choice	1988
Alemanha	Blue Angel	1977
EUA	Green Seal	1990

(continua)

(Quadro 6.2 – conclusão)

País	Selo	Ano do início
Japão	Eco-Mark	1989
França	NF Environment	1989
Brasil	ABNT	1990

Fonte: Dias, 2006, p. 60.

a. FORNECEDORES – Têm um papel fundamental nas empresas, pois são um dos facilitadores na melhoria de processos ou implantação de novos processos por meio de novos materiais. De acordo com o levantamento da Confederação Nacional das Industrias (CNI) de 2004, as principais razões para a adoção de medidas associadas aos processos gerenciais ambientais é de atender a regulamentação ambiental e estar conforme a política ambiental da empresa, como pode ser visto no gráfico a seguir.

Gráfico 6.1 – Relação das principais razões para adoção de medidas associadas à gestão ambiental

Atender a regulamento ambiental	45,20%
Estar em conformidade com a política social da empresa	40,60%
Atender a exigências para licenciamento	37,80%
Melhorar a imagem perante a sociedade	16,00%
Atender ao consumidor com preocupações ambientais	15,90%
Reduzir custos dos processos industriais	13,40%
Aumentar a qualidade dos produtos	12,70%
Atender a reivindicação da comunidade	6,70%
Aumentar a competitividade das exportações	6,20%
Atender a exigências de inst. financ. ou de fomento	3,30%
Atender a pressão de ONGs	2,90

Fonte: CNI, citada por dias, 2006.

(.) Ponto final

A sociedade, com o auxílio dos instrumentos legais do Estado ou mediante organizações não governamentais, exigiu que as empresas assumissem sua parcela de responsabilidade no impacto ambiental que geram quando utilizam os recursos naturais, como também sua obrigação em assumir e tratar os resíduos poluidores gerados em seus processos. Hoje, as organizações que querem se manter no mercado estão voltadas para a adoção de programas de gestão ambiental.

Indicação cultural

A fim de complementar o nosso estudo e levá-lo a uma reflexão sobre o papel importante das empresas para o meio ambiente, sugerimos a leitura do livro:

ROBLES JÚNIOR, A.; BONELLI, V. V. *Gestão da qualidade e do meio ambiente*: enfoque econômico, financeiro e patrimonial. São Paulo: Atlas, 2006.

Atividade

1. Assinale (V) para as alternativas verdadeiras e (F) para as falsas:
   (   ) As empresas são as maiores causadoras dos problemas climáticos e de deterioração do meio ambiente e como tal precisa assumir essa responsabilidade.
   (   ) A tecnologia implantada no final do processo produtivo somente retém a contaminação dentro das dependências da empresa, pois uma vez criada precisa ser tratada e/ou armazenada.
   (   ) Alguns dos fatores externos que levam uma organização a implantar uma gestão ambiental são: a necessidade de redução de custos e o incremento na qualidade do produto.
   (   ) As certificações ambientais reconhecidas internacionalmente são cada vez mais cobradas pelos clientes de países desenvolvidos. Elas proporcionam à empresa um selo de qualidade ambiental também chamado de *selo ecológico*.
   (   ) Os fornecedores são um dos facilitadores na melhoria de processos ou implantação de novos processos por meio de novos materiais.

Indique a sequência correta:
a. V, V, V, V, V.
b. V, V, F, V, V.
c. F, V, F, V, F.
d. V, V, F, F, F.

(7)

Gestão ambiental empresarial

Como vimos no Capítulo 6, em resposta às pressões externas, as empresas desenvolveram meios de trabalhar as questões ambientais. Veremos agora mais detalhadamente cada uma dessas abordagens e os modelos de gestão ambiental desenvolvidos por entidades internacionais e mais utilizados no mundo.

(7.1) Fundamentos básicos da gestão ambiental

De acordo com Canedo (2009), a gestão ambiental pode ser definida como um conjunto de políticas, programas e práticas administrativas e operacionais que levam em conta a saúde, a segurança das pessoas e a proteção do meio ambiente.

Seu objetivo é buscar a melhoria da qualidade ambiental dos serviços, dos produtos e do ambiente de trabalho de qualquer organização pública ou privada de forma permanente.

Como vimos no Capítulo 6, a empresa pode abordar a gestão ambiental em três fases, dependendo do interesse que ela tem pelos problemas ambientais. Barbieri (2007, p. 118) salienta que essas fases também podem ser vistas como etapas de implementação gradual de práticas de gestão, sintetizando-as conforme o Quadro 7.1.

Quadro 7.1 – As três abordagens da gestão ambiental na empresa

Características	Abordagens		
	Controle da poluição	Prevenção da poluição	Estratégia
Preocupação básica	Cumprimento da legislação e respostas às pressões da comunidade.	Uso eficiente dos insumos.	Competitividade
Postura típica	Reativa	Reativa e proativa	Reativa e proativa
Ações típicas	Corretivas. Uso de tecnologias de remediação e de controle final do processo (end-of-pipe). Aplicação de normas de segurança.	Corretivas e preventivas. Conservação e substituição de insumos. Uso de tecnologias limpas.	Corretivas, preventivas e antecipatórias. Antecipação de problemas e captura de oportunidades utilizando soluções de médio e longo prazo. Uso de tecnologias limpas.
Percepção dos empresários e administradores	Custo adicional	Redução de custo e aumento de produtividade.	Vantagens competitivas

(continua)

(Quadro 7.1 – conclusão)

CARACTERÍSTICAS	ABORDAGENS		
	CONTROLE DA POLUIÇÃO	PREVENÇÃO DA POLUIÇÃO	ESTRATÉGIA
Envolvimento da alta administração	Esporádico	Periódico	Permanente e sistemático
Áreas envolvidas	Ações ambientais confinadas nas áreas geradoras de poluição.	Crescente envolvimento de outras áreas como produção, compras, desenvolvimento de produto e marketing.	Atividades ambientais disseminadas pela organização. Ampliação das ações ambientais para toda a cadeia produtiva.

FONTE: BARBIERI, 2007, P. 119.

Controle da poluição

Nesse processo, a empresa objetiva soluções para o controle da poluição, a fim de atender às exigências estabelecidas pela legislação.

As tecnologias utilizadas servem para controlar a poluição e para não alterar os processos. Barbieri (2007, p. 118) explica que essa tecnologia pode ser de dois tipos: de remediação ou controle final do processo.

1. TECNOLOGIA DE REMEDIAÇÃO – Busca solucionar problemas que já ocorreram, como descontaminar solo degradado por algum poluente ou recuperar o petróleo despejado no mar.
2. TECNOLOGIA DE CONTROLE FINAL DO PROCESSO – Procura reter e tratar a poluição resultante de um processo de produção antes que ela seja lançada ao meio ambiente, montando novos equipamentos e instalações nos pontos de descarga dos poluentes. Ex.: estações de tratamento de efluentes, ciclones, precipitadores eletrostáticos, filtros, incineradores e outros.

Conforme Barbieri (2007, p. 122), normalmente essas soluções não eliminam o poluente. Depois de capturado o poluente e, muitas vezes, transformado em outra substância ainda perigosa, na forma líquida ou sólida, ele terá de ser armazenado em local licenciado para esse fim, de acordo com a legislação ambiental, no qual ficará seguro exigindo monitoramento constante, agregando um custo adicional por toda a vida da planta industrial.

Prevenção da poluição

Como vimos no Quadro 7.1, a prevenção da poluição consiste em ações para atingir produções mais eficientes, economizando materiais e energia em diferentes fases do processo de produção e de comercialização. Para Barbieri (2007, p. 122), isso significa uma mudança nos processos e produtos, reduzindo ou eliminando os rejeitos na fonte, antes que sejam produzidos. Por conseguinte, haverá uma redução dos custos com materiais e energia, uma economia na disposição final dos resíduos, uma diminuição dos passivos ambientais e uma melhora geral das condições de trabalho e da imagem da empresa.

A prevenção da poluição tem dois focos básicos a serem trabalhados: o uso sustentável dos recursos e o controle da poluição. Barbieri (2007, p. 123) explica que o uso sustentável está dividido em quatro atividades principais (4R), que são: a redução de poluição na fonte, o reuso, a reciclagem e a recuperação energética, seguindo essa ordem de prioridade.

Figura 7.1 – Prevenção da poluição – prioridade

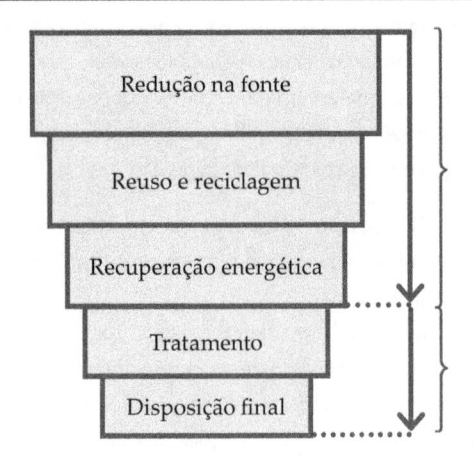

- Redução na fonte
- Reuso e reciclagem
- Recuperação energética
- Tratamento
- Disposição final

Fonte: Barbieri, 2007, p. 123.

1. Redução da poluição na fonte – Reduzir sempre é a primeira opção, pois significa diminuir o peso ou o volume dos resíduos gerados. A redução pode ser feita por meio de:

- Produto: alterando o seu projeto (ex.: reduzindo o número de componentes) ou alterando a matéria-prima (ex.: plástico persistente por plástico biodegradável ou produto com solvente aquoso em vez de orgânico);
- Processo: por meio do aumento da eficiência/rendimento (ex.: matéria-prima mais pura), boas práticas operacionais (ex.: inventário rotineiro dos resíduos; medições mais precisas de insumos utilizados) e, mudança de tecnologia.
2. REUSO – É utilizar o resíduo da mesma forma em que foi produzido (ex.: rebarbas de metais em fundição, reaproveitar os restos de matérias-primas, utilizar o calor antes dissipado no ambiente de trabalho para pré-aquecimento, reuso de embalagens).
3. RECICLAGEM – A reciclagem pode ser interna ou externa.
   - Interna: o processamento do resíduo para o uso é feito na própria fonte gerada (ex.: efluente tratado).
   - Externa: o processamento dos resíduos é realizado em outra unidade produtiva (ex.: vidro, lata de alumínio).
4. RECUPERAÇÃO ENERGÉTICA – Nem todo o resíduo pode ser reusado ou reciclado, podendo, em última instância, nos casos de papel, papelão e paletes contaminados e de engradados de madeira inservível serem utilizados como fonte de energia primária.
5. Tratamento e disposição final já foram abordados no Item 7.1.1

Abordagem estratégica

Nessa abordagem, a questão ambiental deixa de ser uma função de produção e passa ser uma função administrativa, interferindo no planejamento estratégico da empresa. Ela não só envolve trabalhos de rotina como também se faz presente na discussão dos cenários alternativos e na consequente análise de sua evolução, gerando políticas, metas e planos de ação. Portanto, Barbieri (2007, p. 125) define a abordagem estratégica ambiental como "tratar sistematicamente as questões ambientais, para proporcionar valores aos componentes do ambiente de negócio da empresa que os diferenciem dos seus concorrentes e contribuam para dotá-la de vantagens competitivas sustentáveis". Um exemplo é a preocupação dos investidores nas questões ambientais, pois eles sabem o quanto os passivos ambientais podem corroer a rentabilidade de uma empresa.

(7.2) Modelos de gestão ambiental

No capítulo anterior, vimos três modos de tratar os problemas ambientais. Para qualquer um deles, é preciso um modelo de gestão, para que seja tratado operacional e administrativamente. As empresas podem desenvolver seus próprios meios de gestão ou utilizar algum já existente, combinando as abordagens já vistas.

Atuação Responsável (AR)

A atuação responsável, ou *responsable care*, é um programa adotado pela Associação Brasileira da Indústria Química (Abiquim), baseado no programa criado pela American Chemistry Council (ACC), na época chamado *Chemical Manufacturers Association* (CMA), que o desenvolveu em resposta à falta de confiança do público em relação a essa indústria em meados da década de 1980. Hoje, esse modelo de gestão foi adotado por mais de 50 países.

No Brasil, esse modelo foi adotado em 1992, com caráter voluntário até 1998, quando passou a ser obrigatório para todas as empresas químicas associadas à Abiquim. Esse método consiste em seis componentes: princípios diretivos, códigos e práticas gerenciais, comissões de lideranças empresariais, conselhos comunitários consultivos, avaliação de progresso e difusão na cadeia produtiva.

Administração da Qualidade Ambiental Total (TQEM)

O modelo de gestão *Global Environmental Management Initiative* (Gemi), ou Administração da Qualidade Ambiental Total (*Total Quality Environnmental Management* – TQEM), foi criado por uma ONG constituída de 21 empresas multinacionais, entre elas IBM, Kodak, AT&T e Coca-Cola, em 1990, como uma ampliação dos conceitos da Qualidade Total (Total Quality Managment – TQM). De acordo com Barbieri (2007, p. 132), o objetivo era que as empresas que tinham a qualidade total migrassem para o TQEM, já que os dois possuem os mesmos elementos básicos, isto é, o foco no cliente, a qualidade como uma dimensão estratégica, os processos como unidade de análise, a participação de todos, o trabalho em equipe, as parcerias com os clientes e os fornecedores e a melhoria contínua.

Ainda de acordo com Barbieri (2007, p. 133), assim como na qualidade total, a ferramenta utilizada para a busca da melhoria contínua do desempenho ambiental é o ciclo *plan-do-check-action* (PDCA) e as demais ferramentas da qualidade (*benchmarking*, diagrama de causa-efeito, gráfico de Pareto, diagramas de fluxos de processos etc.).

Figura 7.2 – Ciclo do PDCA

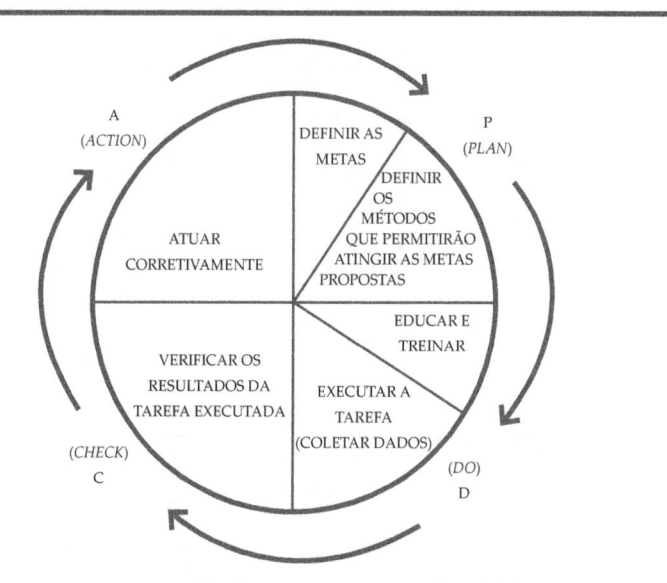

```
            A                    DEFINIR AS              P
        (ACTION)                   METAS             (PLAN)
                                       DEFINIR
                                       OS
                                       MÉTODOS
          ATUAR                        QUE PERMITIRÃO
      CORRETIVAMENTE                   ATINGIR AS METAS
                                       PROPOSTAS

                                       EDUCAR E
                                       TREINAR
        VERIFICAR OS
        RESULTADOS DA          EXECUTAR A
        TAREFA EXECUTADA         TAREFA
                               (COLETAR DADOS)
        (CHECK)                        (DO)
           C                             D
```

Produção Mais Limpa (PML)

O Programa das Nações Unidas para o Meio Ambiente (Pnuma), citado por Pacheco (2012), define PRODUÇÃO MAIS LIMPA (*cleaner production*) como a "aplicação CONTÍNUA de uma estratégia ambiental PREVENTIVA integrada aos PROCESSOS, PRODUTOS E SERVIÇOS para aumentar a ECOEFICIÊNCIA e reduzir os riscos ao homem e ao meio ambiente". Continuando, o Pnuma, citado por Pacheco (2012), diz que esse tipo de produção aplica-se a:

- PROCESSOS PRODUTIVOS – Conservação de matérias-primas e energia, eliminação de matérias-primas tóxicas e redução da quantidade e toxicidade dos resíduos e emissões.
- PRODUTOS – Redução dos impactos negativos ao longo do ciclo de vida de um produto, desde a extração de matérias-primas até a sua disposição final.
- SERVIÇOS – Incorporação das preocupações ambientais no planejamento e entrega dos serviços.

A Figura 7.3 mostra os diferentes níveis de produção mais limpa.

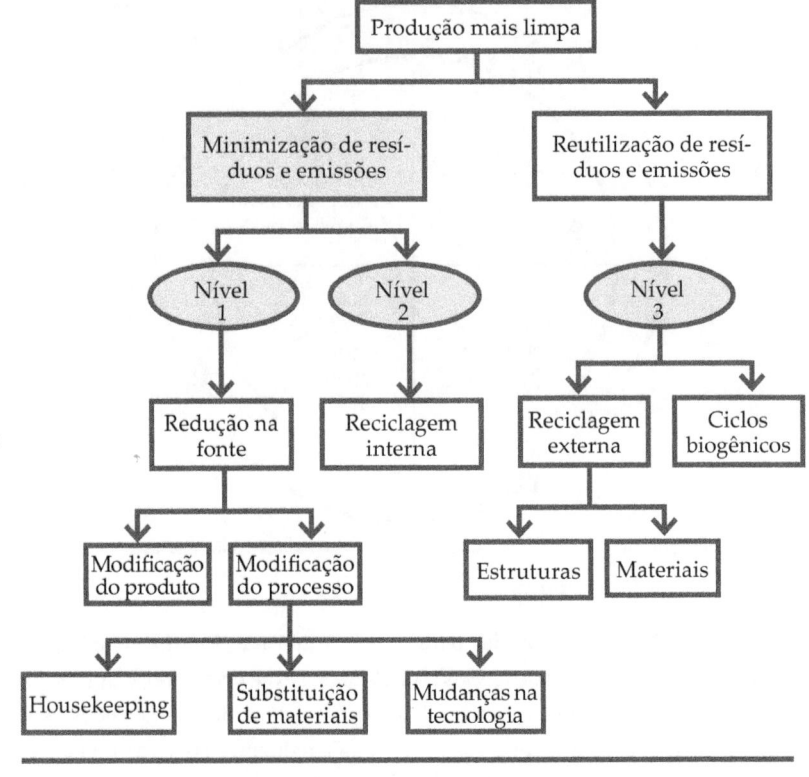

Figura 7.3 – Produção mais limpa – níveis de intervenção

```
                    Produção mais limpa
                    ┌──────┴──────┐
        Minimização de resí-   Reutilização de resí-
          duos e emissões        duos e emissões
           ┌──────┴──────┐            │
        Nível 1       Nível 2       Nível 3
           │             │         ┌────┴────┐
       Redução na   Reciclagem  Reciclagem   Ciclos
         fonte        interna     externa   biogênicos
       ┌───┴───┐                    │          │
  Modificação Modificação        Estruturas  Materiais
  do produto  do processo
   ┌────┬─────────┬─────────┐
Housekeeping  Substituição  Mudanças na
              de materiais  tecnologia
```

FONTE: CNTL, 2009.

O nível 1 deve ser o primeiro caminho da produção mais limpa, pois ela evita a geração de resíduos e emissões. Quando os resíduos não podem ser evitados, devem ser reintegrados ao processo, conforme o nível 2 (reciclagem). Caso o resíduo não possa ser absorvido pelo processo interno, ele deve ser encaminhado para ser absorvido por processos externos à organização, como demonstra o nível 3.

A introdução de técnicas de produção mais limpa na organização pode ser realizada utilizando-se várias estratégias, dependendo das metas ambientais, econômicas e tecnológicas da empresa. Essas metas estão baseadas na política gerencial e dos profissionais responsáveis por ela. Podemos citar os fatores econômicos como o ponto de sensibilização para uma alteração do processo produtivo e, por consequência, para a minimização de impactos ambientais.

O programa para a produção mais limpa busca, de acordo com Dias (2006, p. 127):

- *Aumentar o consenso mundial para uma visão de produção mais limpa.*
- *Apoiar a rede de organizações dedicadas à promoção de estratégias de produção mais limpa e à ecoeficiência.*
- *Ampliar as possibilidades de melhoria ambiental das empresas mediante a capacitação e a educação.*
- *Apoiar projetos que sirvam de modelo de referência.*
- *Fornecer assistência técnica.*

Ecoeficiência

A ecoeficiência (*eco-efficiency*) tem como seu princípio a redução de materiais e de energia por unidade de produto ou serviço, gerando um aumento de competitividade da empresa e uma diminuição das pressões sobre o meio ambiente por meio da redução da extração de recursos naturais e do depósito de resíduos. Esse modelo de gestão ambiental foi desenvolvido pelo Business Council for Sustainable Development, atualmente World Business Council for Sustainable Development (WBCSD), em 1992, e consiste em práticas voltadas, de acordo com Barbieri (2007), para:

- *a. Minimizar a intensidade de materiais nos produtos e serviços;*
- *b. Minimizar a intensidade de energia nos produtos e serviços;*
- *c. Minimizar a dispersão de qualquer tipo de material tóxico pela empresa;*
- *d. Aumentar a reciclabilidade dos seus materiais;*
- *e. Maximizar o uso sustentável dos recursos renováveis;*
- *f. Aumentar a durabilidade dos produtos da empresa; e*
- *g. Aumentar a intensidade dos serviços nos seus produtos e serviços.*

Esse modelo de gestão se assemelha muito ao da Produção mais Limpa, sendo que seu diferencial é a preocupação na busca contínua de maiores níveis de eficiência, reduzindo o consumo de recursos e os impactos na natureza.

Projeto para o Meio Ambiente

O modelo de gestão ambiental Projeto para o Meio Ambiente (*Design for Environment* – DfE) surgiu em 1992, como resposta às preocupações de algumas empresas da indústria eletrônica em incorporar as questões ambientais aos seus produtos. Segundo Barbieri (2007, p. 140), seu foco é centrado na concepção dos produtos e de seus respectivos processos de produção, distribuição e utilização, voltados para o desenvolvimento sustentável e com integração empresarial.

Barbieri (2007, p. 139) explica que esse modelo de gestão está baseado na inovação de produtos e de processos que reduzam a poluição em todas as fases do ciclo de vida, atacando os problemas ambientais na fase de projeto.

(7.3) Comparativo entre alguns modelos de gestão ambiental

Todos os modelos de gestão ambiental vistos neste capítulo objetivam a prevenção da poluição, podendo ser alinhados à estratégia da empresa. Com exceção do modelo de gestão Atuação responsável, voltado especificamente para a indústria química, os demais podem ser aplicados em empresas de qualquer segmento. Barbieri (2007, p. 143) comenta que esses modelos, mesmo tendo características distintas, como pode ser observado no Quadro 7.2, podem ser utilizadas em combinação, atendendo assim às peculiaridades da empresa.

Como mostra o Quadro 7.2, o TQEM está voltado ao melhoramento contínuo e ao combate ao desperdício. Na Produção mais limpa, o foco está na prevenção da poluição dando ênfase à eficiência dos processos produtivos, sendo que o modelo de gestão Ecoeficiência, mesmo tendo o seu foco na prevenção da poluição, está voltado às características do produto ou serviço e por fim, o modelo de Projeto para o Meio Ambiente em busca da mesma meta dos modelos anteriores, porém trabalhando nas fases iniciais dos processos de inovação de produto e processo.

Quadro 7.2 – Alguns modelos de gestão ambiental – comparativo

Modelo	Características básicas	Pontos fortes	Pontos fracos	Principais entidades promotoras
Gestão da Qualidade Ambiental Total (TQEM)	Extensão dos princípios e das práticas da gestão da qualidade total às questões ambientais.	Mobilização da organização, seus clientes e parceiros para as questões ambientais.	Depende de um esforço para manter a motivação inicial.	The Global Environmental Management Initiative (Gemi).

(continua)

(Quadro 7.2 – conclusão)

Modelo	Características básicas	Pontos fortes	Pontos fracos	Principais entidades promotoras
Produção mais limpa (*cleaner production*)	Estratégia ambiental preventiva aplicada de acordo com uma sequência de prioridades, cuja primeira é a redução de resíduos e emissões na fonte.	Atenção concentrada sobre a eficiência operacional, e substituição de materiais perigosos e a minimização de resíduos.	Dependente de desenvolvimento tecnológico e de investimentos para a continuidade do programa no longo prazo.	Pnud Onudi CNTL/Senai-RS
Ecoeficiência (*eco-efficiency*)	Eficiência com que os recursos ecológicos são usados para atender às necessidades humanas.	Ênfase na redução da intensidade de materiais e energia em produtos e serviços, no uso de recursos renováveis e no alongamento da vida útil dos produtos.	Depende de desenvolvimento tecnológico, de políticas públicas apropriadas e de contingentes significativos de consumidores ambientalistas responsáveis.	Organisation for Co-Operation and Development (OCDE). World Business Council for Sustainable Development (WBCSD).
Projeto para o meio ambiente (*design for environment*)	Projetar produtos e processos considerando os impactos sobre o meio ambiente	Inclusão das preocupações ambientais desde a concepção do produto ou processo.	Os produtos concorrem com outros similares que podem ser mais atrativos em termos de preço, condições de pagamento e outras considerações não ambientais.	American Electronic Association, Usepa (Agência Ambiental do Governo Federal Norte-Americano)

Fonte: Barbieri, 2007, p. 145.

(.) Ponto final

Vimos neste capítulo que a abordagem estratégica da gestão ambiental é a que permite tratar sistematicamente as questões ambientais nas empresas, proporcionando valores à organização, diferenciando-a dos concorrentes e gerando, com isso, uma vantagem competitiva. Também vimos vários modelos de gestão que são implementados de acordo com as políticas públicas, exigências do mercado e tecnologia que a empresa possui.

Indicação cultural

A fim de complementar o nosso estudo, sugerimos a leitura da *Revista Gestão Social e Ambiental*, que tem como um de seus objetivos influenciar práticas de gestão social e ambiental nas organizações.

RGSA – Revista de Gestão Social e Ambiental. Disponível em: <http://www.revistargsa.org/ojs/index.php/rgsa/index>. Acesso em: 12 mar. 2012.

Atividade

1. Analise as sentenças a seguir e, em seguida, assinale a resposta correta:
   I. A prevenção da poluição consiste em ações para atingir produções mais eficientes, economizando materiais e energia em diferentes fases do processo de produção e comercialização.
   II. A Qualidade Ambiental Total (TQEM), assim como a qualidade total faz uso da ferramenta ciclo do PDCA para a busca da melhoria contínua do desempenho ambiental.
   III. A prioridade da Produção mais Limpa é evitar a geração de resíduos e emissões. Os resíduos que não podem ser evitados devem, por conseguinte, ser reintegrados ao processo de produção da empresa.
   IV. O modelo de gestão ambiental Projeto para o Meio Ambiente está centrado na concepção dos produtos e de seus respectivos processos de produção, distribuição e utilização, voltados para o desenvolvimento sustentável e com integração empresarial.

   a. Somente I, II e III estão corretas.
   b. Somente I, III e IV estão corretas.
   c. Somente I, II e IV estão corretas.
   d. Todas estão corretas.
   e. Nenhuma está correta.

(8)

Sistemas de gestão ambiental

Rosane Regina Pilger

Neste capítulo, veremos o que é um sistema de gestão ambiental, os vários modelos de sistemas que existem, e abordaremos mais profundamente o sistema de gestão ambiental baseado na norma ISO 14001:2004, adotado oficialmente no Brasil.

(8.1) Modelos de sistemas de gestão ambiental

De acordo com Barbieri (2007, p. 153), "sistema de gestão ambiental é um conjunto de atividades administrativas e operacionais inter-relacionadas para abordar os problemas ambientais atuais ou para evitar o seu surgimento".

Um sistema de gestão ambiental (SGA) exige comprometimento e participação da alta direção, que podem ser proprietários, o que facilita e valida a disseminação das preocupações ambientais entre os funcionários, fornecedores, prestadores de serviços e clientes.

Conforme Barbieri (2007, p. 154), a empresa pode adotar um sistema de gestão ambiental ou utilizar um sistema genérico apresentado por outras entidades nacionais ou internacionais, desde que se comprometa a alcançar um desempenho superior ao exigido pela legislação ambiental à que está sujeita. A seguir, veremos alguns modelos de SGA.

O sistema da Câmara de Comércio Internacional

Segundo Barbieri (2007, p. 154), o sistema *International Chamber of Commerce* (ICC) é baseado em uma entidade não governamental voltada ao comércio internacional, cujo propósito é alcançar um desempenho sustentável e simultaneamente atender às constantes mudanças na regulamentação, nos riscos ambientais e nas pressões sociais, financeiras, econômicas e competitivas. De forma mais clara, Barbieri (2007, p. 154) explica que o sistema objetiva:

- assegurar a conformidade com as leis locais, regionais, nacionais e inter-nacionais;
- estabelecer políticas internas e procedimentos para que a organização alcance os objetivos ambientais propostos;
- identificar o nível de recursos e de pessoal apropriado aos riscos e aos objetivos ambientais;
- identificar o nível de recursos e de pessoal apropriado aos riscos e aos objetivos ambientais, garantindo sua disponibilidade quando e onde forem necessários.

Sistema comunitário de ecogestão e auditoria

Esse sistema foi criado em 1993, pelo Conselho de Comunidade Econômica Europeia e recebeu o nome de Emas (*Eco Management and Audit Scheme*). No início, ele estava voltado somente para a indústria. Com o Regulamento nº 761/2001, porém, esse sistema de gestão ambiental passou a ser acessível a qualquer organização. Seu objetivo é a busca da melhoria contínua do comportamento ambiental na organização por meio de:

> a) concepção e implementação de um SGA conforme os requisitos estabelecidos pela Resolução 761/2001;

b) avaliação sistemática, objetiva e periódica do desempenho desse SGA; fornecimento de informação sobre o comportamento ambiental e um diálogo aberto com o público e outras partes interessadas; e

c) participação ativa do pessoal da organização, bem como da formação e aperfeiçoamento de profissionais adequado às tarefas requeridas pelo SGA. (Barbieri, 2007)

Normas voluntárias sobre sistemas de gestão ambiental

Em um cenário de pressão das ONGs, de aumento dos consumidores verdes, de maior abertura do comércio internacional aumentando a competitividade e as restrições à criação de barreiras técnicas para proteger mercados, desenvolveram-se normas voluntárias sobre o SGA. De acordo com Barbieri (2007, p. 158), a primeira norma foi a BS 7750, criada em 1992, na Inglaterra, pela British Standards Institution (BSI), baseada no ciclo do PDCA, já visto no Capítulo 7. Em 1997, essa norma foi cancelada, dando lugar às normas International Organization for Standardization (ISO) do sistema de gestão ambiental.

(8.2) Norma ISO 14001:2004

A International Organization for Standardization (ISO) tem como objetivo desenvolver normas que facilitem as trocas de bens e serviços no mercado internacional. Sua sede é em Genebra e, no Brasil, a sua representante é a Associação Brasileira de Normas Técnicas (ABNT).

Dias (2006, p. 92) comenta que a família de normas da ISO que trata sobre o SGA são as normas 14000 (Quadro 8.1), que buscam padronizar algumas ferramentas-chave de análise, como auditorias e ciclo de vida. Essas normas podem ser dividas em dois enfoques básicos: foco na organização e foco em produto, como pode ser observado no Quadro 8.1.

Quadro 8.1 – Família de normas NBR ISO 14000

Foco na organização		
Norma	Ano da Publicação	Objetivo
NBR ISO 14001[(1)]	2004	Sistema de Gestão Ambiental – Requisitos com orientações para uso

(continua)

(Quadro 8.1 – continuação)

NBR ISO 14004	2005	Sistema de Gestão Ambiental – Diretrizes gerais sobre princípios, sistemas e técnicas de apoio
NBR ISO 14015	2003	Gestão Ambiental – Avaliação ambiental de locais e organizações (Aalo)
NBR ISO 19011[(2)]	2002	Diretrizes para Auditorias de Sistema da Qualidade e/ou Ambiental
NBR ISO 14031	2004	Gestão Ambiental – Avaliação de desempenho ambiental – Diretrizes
FOCO NO PRODUTO		
NBR ISO 14020	2002	Rótulos e Declarações Ambientais – Princípios
NBR ISO 14021	2004	Rótulos e Declarações Ambientais – Autodeclarações Ambientais – Rotulagem do Tipo II
NBR ISO 14024	2004	Rótulos e Declarações Ambientais – Rotulagem do Tipo I – Princípios e procedimentos
NBR ISO 14040	2001	Gestão ambiental – Avaliação do ciclo de vida – Princípios e estrutura
NBR ISO 14041	2004	Gestão ambiental – Avaliação do ciclo de vida – Definição de objetivo, escopo e análise de inventário
NBR ISO 14042	2004	Gestão ambiental – Avaliação do ciclo de vida – Avaliação do impacto do ciclo

(Quadro 8.1 – conclusão)

NBR ISO 14043	2005	Gestão ambiental – Avaliação do ciclo de vida – interpretação do ciclo de vida
ABNT ISO/TR 4062	2004	Gestão ambiental – Integração de aspectos ambientais no projeto e desenvolvimento do produto
Foco na Organização e Produto		
NBR ISO 14050	2004	Gestão ambiental – Vocabulário

Fonte : Forato, 2008.
Notas (1) e (2): Normas passíveis de certificação.

Como pode ser visto no Quadro 8.1, a norma ISO 14001 é passível de certificação, pois contempla as orientações necessárias para sua implementação, como exposto no Quadro 8.2, o qual mostra a seção 4 da norma (Requisitos do sistema de gestão ambiental).

Quadro 8.2 – SGA conforme a norma NBR ISO 14001:2004

4 Requisitos do sistema de gestão ambiental
4.1 Requisitos gerais
4.2 Política ambiental
4.3 Planejamento
4.3.1 Aspectos ambientais
4.3.2 Requisitos legais e outros
4.3.3 Objetivos e metas e programa(s)
4.4 Implementação e operação
4.4.1 Recursos, funções, responsabilidades e autoridades
4.4.2 Competência, treinamento e conscientização
4.4.3 Comunicação
4.4.4 Documentação
4.4.5 Controle de documentos
4.4.6 Controle operacional
4.4.7 Preparação e resposta às emergências

(continua)

(Quadro 8.2 – conclusão)

4.5 Verificação
4.5.1 Monitoramento e medição
4.5.2 Avaliação do atendimento a requisitos legais e outros
4.5.3 Não conformidade, ação corretiva e ação preventiva
4.5.4 Controle dos registros
4.5.4 Auditoria interna
4.6 Análise pela administração

Fonte: ABNT, 2004.

A Figura 8.1 mostra que o SGA, por meio da ISO 14001, também está baseado na melhoria contínua, utilizando a ferramenta do PDCA, assim como é utilizado pela série de Normas NBR ISO 9000 para sistema da qualidade.

Figura 8.1 – Modelo de sistema de gestão ambiental para Norma ISO 14001:2004

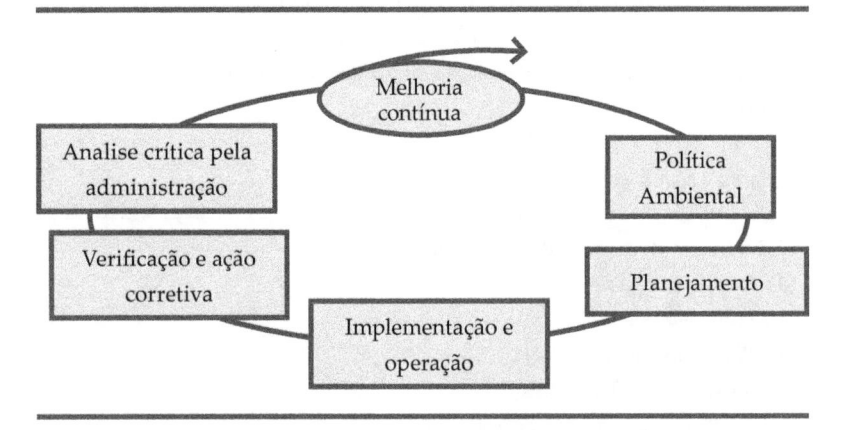

[Diagrama cíclico: Melhoria contínua → Política Ambiental → Planejamento → Implementação e operação → Verificação e ação corretiva → Analise crítica pela administração]

Fonte: ABNT, 2004.

A primeira etapa do PDCA consiste no *plan* (planejar), que, no SGA, começa com a definição da POLÍTICA AMBIENTAL da organização; ela será a linha mestra para a montagem do PLANEJAMENTO do SGA.

A etapa seguinte, o *do* (executar), é a IMPLEMENTAÇÃO do sistema de gestão ambiental na organização conforme o planejamento.

O terceiro passo é o *check* (verificar), no qual são VERIFICADOS os controles e, com base neles, são tomadas as AÇÕES CORRETIVAS necessárias para que o sistema de gestão ambiental funcione como previsto.

Por fim, a última etapa é o *action* (análise e melhoria contínua). Nessa etapa, estão previstas as ANÁLISES DA ALTA ADMINISTRAÇÃO, que objetiva verificar o cumprimento dos objetivos e metas da organização e lançar novos desafios em busca da melhoria contínua como uma espiral ascendente.

Requisitos do sistema de gestão ambiental de acordo com a norma NBR ISO 14001:2004

Esses requisitos, já citados no Quadro 8.2, fazem parte da seção 4 da norma e objetivam ajudar as organizações por meio de elementos eficazes para a implantação do sistema de gestão ambiental. A seguir, veremos esses requisitos de forma detalhada, conforme a norma.

Requisitos gerais

Conforme Barbieri (2007), "para efeito de certificação, registro ou autodeclaração, a organização deve estabelecer, documentar, implementar, manter e continuamente melhorar o SGA em conformidade com os requisitos descritos na seção 4 da norma ISO 14001".

Política ambiental

Nesse requisito, a norma (seção 4.2) diz que a Política Ambiental deve refletir as intenções da organização e o seu comprometimento para com o meio ambiente. Segundo Barbieri (2007, p. 170), devem ser levados em consideração a missão, a visão, os valores e as crenças da organização. Também deve estar alinhada à política de outros programas, como o programa de qualidade. Por isso, deve ser debatida seriamente internamente antes de ser assumida publicamente. Vejamos como define a NBR 14001 (ABNT, 2004):

> *A alta administração deve definir a política ambiental da organização e assegurar que, dentro do escopo definido de seu sistema da gestão ambiental, a política:*
> *a) seja apropriada à natureza, escala e impactos ambientais de suas atividades, produtos e serviços,*
> *b) inclua um comprometimento com a melhoria contínua e com a prevenção de poluição,*
> *c) inclua um comprometimento em atender aos requisitos legais aplicáveis e outros requisitos subscritos pela organização que se relacionem a seus aspectos ambientais,*
> *d) forneça uma estrutura para o estabelecimento e análise dos objetivos e metas ambientais,*
> *e) seja documentada, implementada e mantida,*
> *f) seja comunicada a todos que trabalhem na organização ou que atuem em seu nome,*
> *g) esteja disponível para o público.*

Planejamento

De acordo com a seção 4.3.1 da norma, no planejamento devem ser contemplados os aspectos ambientais que suas atividades representam de impacto ao meio ambiente, como também deve observar os aspectos legais e apresentar os objetivos e metas ambientais. Vejamos como a norma orienta sobre esses requisitos (ABNT, 2004, p. 5):

> *A organização deve estabelecer, implementar e manter procedimento(s) para*
> *a) identificar os aspectos ambientais de suas atividades, produtos e serviços, dentro do escopo definido de seu sistema da gestão ambiental, que a organização possa controlar e aqueles que ela possa influenciar, levando em consideração os desenvolvimentos novos ou planejados, as atividades, produtos e serviços novos ou modificados, e*
> *b) determinar os aspectos que tenham ou possam ter impactos significativos sobre o meio ambiente (isto é, aspectos ambientais significativos).*
> *A organização deve documentar essas informações e mantê-las atualizadas.*
> *A organização deve assegurar que os aspectos ambientais significativos sejam levados em consideração no estabelecimento, implementação e manutenção de seu sistema da gestão ambiental.*

Para exemplificar o requisito de aspecto ambiental, podemos citar o lançamento de efluentes industriais em um rio, sem tratamento prévio, ocasionando a poluição da água ou a emissão de gases na atmosfera, que terá como consequência a poluição do ar. A organização precisa identificar os aspectos de impactos significativos que suas atividades possam gerar, assegurar-se de que estão previstos em seus mecanismos de controle e que são procedimentos controlados e documentados.

> *A organização estabelece, aplica e mantém procedimentos:*
> *a) para identificar e ter acesso aos requisitos legais aplicáveis e outros requisitos a que a organização está vinculada, relacionados com os seus aspectos ambientais, e*
> *b) para determinar o modo como esses requisitos se aplicam aos seus aspectos ambientais.*
> *A organização assegura que estes requisitos legais aplicáveis e outros requisitos a que está vinculada sejam tomados em consideração no estabelecimento, aplicação e manutenção do seu sistema de gestão ambiental.* (ABNT, 2004, p. 5)

Esses requisitos legais podem ser de âmbito da União, dos estados, dos municípios e de acordos federais internacionais, bem como as disposições concretas ou concessões de órgãos públicos. Por fim, também, devem ser levadas em conta as normas e diretrizes internas da organização.

> A organização deve estabelecer, implementar e manter objetivos e metas ambientais documentados, nas funções e níveis relevantes na organização.
> Os objetivos e metas devem ser mensuráveis, quando exequível, e coerentes com a política ambiental, incluindo-se os comprometimentos com a prevenção de poluição, com o atendimento aos requisitos legais e outros requisitos subscritos pela organização e com a melhoria contínua.
> Ao estabelecer e analisar seus objetivos e metas, uma organização deve considerar os requisitos legais e outros requisitos por ela subscritos, e seus aspectos ambientais significativos. Deve também considerar suas opções tecnológicas, seus requisitos financeiros, operacionais, comerciais e a visão das partes interessadas.
> A organização deve estabelecer, implementar e manter programa(s) para atingir seus objetivos e metas. O(s) programa(s) deve(m) incluir
> a) atribuição de responsabilidade para atingir os objetivos e metas em cada função e nível pertinente da organização, e
> b) os meios e o prazo no qual eles devem ser atingidos. (ABNT, 2004, p. 5)

Um exemplo para a definição de metas e objetivos ambientais é o de uma empresa que tem por OBJETIVO reduzir a poluição do ar no setor de produção. Sua META é instalar um sistema de sucção de partículas e direcionar para o tratamento, estipulando um PRAZO de 18 meses para concluir a instalação.

Implementação e operação

Esse requisito (seção 4.4 da norma) engloba todas as necessidades para a implantação do SGA, como os recursos tecnológicos, humanos e financeiros, as definições e o treinamento, a documentação e os seus controles, os canais de comunicação, os procedimentos e os controles operacionais. Vejamos de forma mais detalhada cada uma delas, conforme a norma (ABNT, 2004, p. 6):

> A administração deve assegurar a disponibilidade de recursos essenciais para estabelecer, implementar, manter e melhorar o sistema da gestão ambiental. Esses recursos incluem recursos humanos e habilidades especializadas, infraestrutura organizacional, tecnologia e recursos financeiros.
> Funções, responsabilidades e autoridades devem ser definidas, documentadas e comunicadas visando facilitar uma gestão ambiental eficaz.
> A alta administração da organização deve indicar representante(s) específico(s) da administração, o(s) qual(is), independentemente de outras responsabilidades, deve(m) ter função, responsabilidade e autoridade definidas para
> a) assegurar que um sistema da gestão ambiental seja estabelecido, implementado e mantido em conformidade com os requisitos desta Norma,
> b) relatar à alta administração sobre o desempenho do sistema da gestão ambiental para análise, incluindo recomendações para melhoria.

É importante salientar nesse requisito a importância do comprometimento da alta direção nesse processo, pois é ela quem dará a credibilidade ao sistema de gestão ambiental.

> A organização deve assegurar que qualquer pessoa que, para ela ou em seu nome, realize tarefas que tenham o potencial de causar impacto(s) ambiental(is) significativo(s) identificados [sic] pela organização, seja competente com base em formação apropriada, treinamento ou experiência, devendo reter os registros associados.
>
> A organização deve identificar as necessidades de treinamento associadas com seus aspectos ambientais e seu sistema da gestão ambiental. Ela deve prover treinamento ou tomar alguma ação para atender a essas necessidades, devendo manter os registros associados.
>
> A organização deve estabelecer, implementar e manter procedimento(s) para fazer com que as pessoas que trabalhem para ela ou em seu nome estejam conscientes
> a) da importância de se estar em conformidade com a política ambiental e com os requisitos do sistema da gestão ambiental,
> b) dos aspectos ambientais significativos e respectivos impactos reais ou potenciais associados com seu trabalho e dos benefícios ambientais proveniente da melhoria do desempenho pessoal,
> c) de suas funções e responsabilidades em atingir a conformidade com os requisitos do sistema da gestão ambiental,
> d) das potenciais consequências da inobservância de procedimento(s) especificado(s).
> (ABNT, 2004, p. 6)

A organização deve estar ciente de que os funcionários precisam saber que o seu desempenho é importante para a redução dos impactos ambientais, como também que o trabalho de sensibilização é um processo que demanda tempo, perseverança, respeito aos limites e que existe um tempo para as pessoas assimilarem a nova cultura.

> Com relação aos seus aspectos ambientais e ao sistema da gestão ambiental, a organização deve estabelecer, implementar e manter procedimento(s) para
> a) comunicação interna entre os vários níveis e funções da organização,
> b) recebimento, documentação e resposta a comunicações pertinentes oriundas de partes interessadas externas.
>
> A organização deve decidir se realizará comunicação externa sobre seus aspectos ambientais significativos, devendo documentar sua decisão. Se a decisão for comunicar, a organização deve estabelecer e implementar método(s) para esta comunicação externa. (ABNT, 2004, p. 6)

A informação deve chegar a todos dentro da organização de forma que possam contribuir para o cumprimento da legislação, da política ambiental e o atingimento das metas, bem como disponibilizar canais para questionamentos e reclamações sobre os aspectos ambientais.

A documentação do sistema da gestão ambiental deve incluir:

a) política, objetivos e metas ambientais,

b) descrição do escopo do sistema da gestão ambiental,

c) descrição dos principais elementos do sistema da gestão ambiental e sua interação e referência aos documentos associados,

d) documentos, incluindo registros, requeridos por esta Norma, e

e) documentos, incluindo registros, determinados pela organização como sendo necessários para assegurar o planejamento, operação e controle eficazes dos processos que estejam associados com seus aspectos ambientais significativos. (ABNT, 2004, p. 7)

Essa documentação pode ser desenvolvida em papel ou em meio eletrônico.

Os documentos requeridos pelo sistema da gestão ambiental e por esta Norma devem ser controlados.

Registros são um tipo especial de documento e devem ser controlados de acordo com os requisitos estabelecidos em 4.5.4.

A organização deve estabelecer, implementar e manter procedimento(s) para

a) aprovar documentos quanto à sua adequação antes de seu uso,

b) analisar e atualizar, conforme necessário, e reaprovar documentos,

c) assegurar que as alterações e a situação atual da revisão de documentos sejam identificadas,

d) assegurar que as versões relevantes de documentos aplicáveis estejam disponíveis em seu ponto de uso,

e) assegurar que os documentos permaneçam legíveis e prontamente identificáveis,

f) assegurar que os documentos de origem externa determinados pela organização como sendo necessários ao planejamento e operação do sistema da gestão ambiental sejam identificados e que sua distribuição seja controlada, e

g) prevenir a utilização não intencional de documentos obsoletos e utilizar identificação adequada nestes, se forem retidos para quaisquer fins. (ABNT, 2004, p. 7)

O controle documental proporciona à organização as orientações de como controlar os documentos exigidos pela norma, por exemplo, que estejam sempre atualizados e disponíveis em todos os lugares em que são executadas as operações essenciais do SGA.

> A organização deve identificar e planejar aquelas operações que estejam associadas aos aspectos ambientais significativos identificados de acordo com sua política, objetivos e metas ambientais para assegurar que elas sejam realizadas sob condições especificadas por meio de
> a) estabelecimento, implementação e manutenção de procedimento(s) documentado(s) para controlar situações onde sua ausência possa acarretar desvios em relação à sua política e aos objetivos e metas ambientais,
> b) determinação de critérios operacionais no(s) procedimento(s); e
> c) estabelecimento, implementação e manutenção de procedimento(s) associado(s) aos aspectos ambientais significativos identificados de produtos e serviços utilizados pela organização e a comunicação de procedimentos e requisitos pertinentes a fornecedores, incluindo-se prestadores de serviço. (ABNT, 2004, p. 8)

Esse requisito é um dos mais importantes, pois se refere ao controle da situação, dos procedimentos, das atividades, das operações que expressam o trabalho da organização.

> A organização deve estabelecer, implementar e manter procedimento(s) para identificar potenciais situações de emergência e potenciais acidentes que possam ter impacto(s) sobre o meio ambiente, e como a organização responderá a estes.
> A organização deve responder às situações reais de emergência e aos acidentes, e prevenir ou mitigar os impactos ambientais adversos associados.
> A organização deve periodicamente analisar e, quando necessário, revisar seus procedimentos de preparação e resposta à emergência, em particular, após a ocorrência de acidentes ou situações emergenciais.
> A organização deve também periodicamente testar tais procedimentos, quando exequível. (ABNT, 2004, p. 8)

A empresa deve ter um plano de ação para as situações de emergências; para isso, deve analisar periodicamente seus processos, verificando se estão atualizados e fazer revisões quando necessário.

Verificação e ação corretiva

Neste item (seção 4.5 da norma), a organização deve monitorar e avaliar se todos os requisitos legais estão contemplados no manual do SGA. Caso eles não estejam sendo cumpridos, devem ser tomadas as ações corretivas a fim de corrigir distorções ou até mesmo realizar melhorias.

> A organização deve estabelecer, implementar e manter procedimento(s) para monitorar e medir regularmente as características principais de suas operações que possam ter um impacto ambiental significativo.

O(s) procedimento(s) deve(m) incluir a documentação de informações para monitorar o desempenho, os controles operacionais pertinentes e a conformidade com os objetivos e metas ambientais da organização.

A organização deve assegurar que equipamentos de monitoramento e medição calibrados ou verificados sejam utilizados e mantidos, devendo-se reter os registros associados. (ABNT, 2004, p. 8)

É importante que a organização realize um controle transparente e sistemático; dessa forma, a direção da organização poderá verificar se os objetivos, as metas, bem como o desempenho ambiental e o cumprimento da legislação estão sendo atendidos.

4.5.2.1 De maneira coerente com o seu comprometimento de atendimento a requisitos, a organização deve estabelecer, implementar e manter procedimento(s) para avaliar periodicamente o atendimento aos requisitos legais aplicáveis.
A organização deve manter registros dos resultados das avaliações periódicas.
4.5.2.2 A organização deve avaliar o atendimento a outros requisitos por ela subscritos. A organização pode combinar esta avaliação com a avaliação referida em 4.5.2.1 ou estabelecer um procedimento em separado.
A organização deve manter registros dos resultados das avaliações periódicas. (ABNT, 2004, p. 8)

Normalmente, essas avaliações são realizadas por auditorias internas.

A organização deve estabelecer, implementar e manter procedimento(s) para tratar as não conformidades reais e potenciais, e para executar ações corretivas e preventivas. O(s) procedimento(s) deve(m) definir requisitos para
a) identificar e corrigir não conformidade(s) e executar ações para mitigar seus impactos ambientais,
b) investigar não conformidade(s), determinar sua(s) causa(s) e executar ações para evitar sua repetição,
c) avaliar a necessidade de ação(ões) para prevenir não conformidades e implementar ações apropriadas para evitar sua ocorrência,
d) registrar os resultados da(s) ação(ões) corretiva(s) e preventiva(s) executada(s), e
e) analisar a eficácia da(s) ação(ões) corretiva(s) e preventiva(s) executada(s).
As ações executadas devem ser adequadas à magnitude dos problemas e ao(s) impacto(s) ambiental(is) encontrado(s).
A organização deve assegurar que sejam feitas as mudanças necessárias na documentação do sistema da gestão ambiental. (ABNT, 2004, p. 9)

Para atender à responsabilidade legal, entre outras, é importante que a organização tenha profissionais qualificados da área ambiental com conhecimento e autonomia a fim de dar uma resposta rápida às ações quando for necessário.

> A organização deve estabelecer e manter registros, conforme necessário, para demonstrar conformidade com os requisitos de seu sistema da gestão ambiental e desta Norma, bem como os resultados obtidos.
>
> A organização deve estabelecer, implementar e manter procedimento(s) para a identificação, armazenamento, proteção, recuperação, retenção e descarte de registros.
>
> Os registros devem ser e permanecer legíveis, identificáveis e rastreáveis. (ABNT, 2004, p. 9)

Entre os documentos que se fazem presentes no SGA, estão os de planejamento, treinamento, calibrações e aferições de equipamentos, ofícios, comunicações, relatórios de auditorias.

> A organização deve assegurar que as auditorias internas do sistema da gestão ambiental sejam conduzidas em intervalos planejados para
> a) determinar se o sistema da gestão ambiental
> 1) está em conformidade com os arranjos planejados para a gestão ambiental, incluindo-se os requisitos desta Norma, e
> 2) foi adequadamente implementado e é mantido, e
> b) fornecer informações à administração sobre os resultados das auditorias.
> Programa(s) de auditoria deve(m) ser planejado(s), estabelecido(s), implementado(s) e mantido(s) pela organização, levando-se em consideração a importância ambiental da(s) operação(ões) pertinente(s) e os resultados das auditorias anteriores. Procedimento(s) de auditoria deve(m) ser estabelecido(s), implementado(s) e mantido(s) para tratar
> - das responsabilidades e requisitos para se planejar e conduzir as auditorias, para relatar os resultados e manter registros associados,
> - da determinação dos critérios de auditoria, escopo, frequência e métodos.
>
> A seleção de auditores e a condução das auditorias devem assegurar objetividade e imparcialidade do processo de auditoria. (ABNT, 2004, p. 9)

As auditorias podem ser internas, quando os funcionários da própria organização fazem auditorias, ou externas, quando a empresa contrata auditores de um organismo certificador para realizar essa atividade.

Análise pela administração

De acordo com o especificado por este requisito – seção 4.6 da norma – (ABNT, 2004, p. 10):

> *A alta administração da organização deve analisar o sistema da gestão ambiental, em intervalos planejados, para assegurar sua continuada adequação, pertinência e eficácia. Análises devem incluir a avaliação de oportunidades de melhoria e a necessidade de alterações no sistema da gestão ambiental, inclusive da política ambiental e dos objetivos e metas ambientais. Os registros das análises pela administração devem ser mantidos.*
>
> *As entradas para análise pela administração devem incluir*
> *a) resultados das auditorias internas e das avaliações do atendimento aos requisitos legais e outros subscritos pela organização,*
> *b) comunicação(ões) proveniente(s) de partes interessadas externas, incluindo reclamações,*
> *c) o desempenho ambiental da organização,*
> *d) extensão na qual foram atendidos os objetivos e metas,*
> *e) situação das ações corretivas e preventivas,*
> *f) ações de acompanhamento das análises anteriores,*
> *g) mudança de circunstâncias, incluindo desenvolvimentos em requisitos legais e outros relacionados aos aspectos ambientais, e*
> *h) recomendações para melhoria.*
>
> *As saídas da análise pela administração devem incluir quaisquer decisões e ações relacionadas a possíveis mudanças na política ambiental, nos objetivos, metas e em outros elementos do sistema da gestão ambiental, consistentes com o comprometimento com a melhoria contínua.*

É nessa etapa em que se avalia tudo o que está sendo realizado no SGA, são tomadas as decisões para algumas ações corretivas ou são traçados novos objetivos e metas para que se siga no processo de melhoria contínua.

(8.3) Certificação do sistema de gestão ambiental

Segundo Barbieri (2007), a norma ISO 14001 pode ser implantada por qualquer tipo de organização que queira estabelecer ou aprimorar seu processo de gestão ambiental, bem como assegurar a conformidade com sua política ambiental. Para isso, ela precisa fazer:

1. autoavaliação ou autodeclaração;
2. confirmação por partes interessadas na organização, como os clientes;
3. confirmação de sua autodeclaração por meio de uma organização externa;
4. certificação ou registro do seu SGA por uma organização externa.

Como a própria palavra *autodeclaração* diz, as verificações das conformidades se fazem por avaliações internas, conduzidas pela própria organização. No caso de certificação, o processo de avaliação é realizado por uma pessoa ou órgão reconhecido como independente das partes envolvidas. Ainda conforme Barbieri (2007), o SGA de uma organização pode ser certificado por seus clientes ou quem os represente, porém, as preferências são por organizações externas acreditadas para tal no país, também chamadas de *órgãos certificadores*.

Para ser um órgão certificador credenciado por um governo, ele precisa atender a critérios estabelecidos em documentos normativos do país a que pertence. No Brasil, esses critérios são definidos pelo Sistema Nacional de Metrologia, Normalização e Qualidade Industrial (Sinmetro). Assim, o credenciamento é o modo pelo qual um órgão autorizado reconhece formalmente que uma entidade, pessoa ou organização é competente para realizar tarefas específicas, segundo os princípios e requisitos estabelecidos pela legislação do país.

(.) Ponto final

Foram abordados alguns modelos de SGA, como o da Câmara de Comércio Internacional, o sistema Comunitário de Ecogestão e Auditoria desenvolvida pela comunidade econômica europeia. A primeira norma voluntária de SGA, foi desenvolvida na Inglaterra – norma BS 7750 –, posteriormente substituída pela ISO 14000, esta última tendo como representante no Brasil a ABNT. Vimos que a ISO 14000 é constituída de várias normas, sendo que a ISO 14001 é passível de implantação.

Indicação cultural

A fim de complementar o nosso estudo e levá-lo a uma reflexão sobre os SGA, sugerimos a leitura do livro:

BARBIERI, J. C. *Gestão ambiental empresarial*: conceitos, modelos e instrumentos. São Paulo: Saraiva, 2007.

Atividade

1. Assinale (V) para as alternativas verdadeiras e (F) para as falsas:
   ( ) O sistema *International Chamber of Commerce* (ICC) foi criado em 1993, pelo Conselho de Comunidade Econômica Europeia. No início, estava voltado somente para a indústria, no entanto, com o Regulamento n° 761/2001, esse sistema de gestão ambiental passou a ser acessível a qualquer organização.
   ( ) A família de normas da ISO que trata sobre o SGA são as normas 15000, que buscam padronizar algumas ferramentas-chave de análise como auditorias e ciclo de vida.
   ( ) A ISO 14001:2004 possui vários requisitos, cada um deles contendo suas especificações. No requisito "Política Ambiental", tem como especificações assegurar que a empresa está comprometida com a melhoria contínua e com a prevenção de poluição.
   ( ) O SGA, conforme a ISO 14001:2004, é composta por nove requisitos.
   ( ) Na ISO 14001:2004, não é necessário uma análise crítica pela alta administração em períodos predeterminados, já que o processo é todo monitorado, portanto, se aparece algum problema, este é logo resolvido.

   Indique a sequência correta:
   a. V, V, F, V, V.
   b. F, V, F, V, F.
   c. F, F, V, F, F.
   d. V, V, V, V, F.

(9)

Auditorias ambientais

Rosane Regina Pilger

A auditoria é uma ferramenta de checagem que remonta aos tempos do Antigo Egito. Veremos neste capítulo quando ela passou a ser utilizada como recurso para verificar o cumprimento das leis ambientais e os vários tipos de auditorias ambientais que existem, em especial a NBR ISO 19011:2002.

(9.1) Origem das auditorias ambientais

A auditoria como ferramenta de checagem, apuração e exames já era empregada desde os tempos do Antigo Egito, da Grécia e de Roma e vem evoluindo desde então. No século XV, passou-se a utilizar a terminologia de *auditoria contábil*, e nesse período surgiu a profissão específica para essa atividade.

Segundo Cahill, citado por Donaire (1999), as auditorias ambientais surgiram na década de 1970, nos Estados Unidos, onde começaram a ser realizadas voluntariamente, com o objetivo de verificar o cumprimento das leis ambientais, que se tornavam cada vez mais rigorosas. O autor comenta que as auditorias ambientais nas empresas americanas precisam seguir os seguintes objetivos:

- garantia do cumprimento da legislação;
- definição das obrigações a serem cumpridas;
- acompanhamento e controle de custos do cumprimento das obrigações;
- definição das responsabilidades dos gerentes;
- verificação da situação ambiental no caso de fusões e aquisições.

No final da década de 1980, as auditorias passaram a ser uma ferramenta de gestão comum nos países desenvolvidos e cada vez mais adotada nos países em desenvolvimento, tanto nas empresas internacionais como nas nacionais.

(9.2) Tipos de auditorias ambientais

De acordo com Barbieri (2007, p. 212), as auditorias variam em suas aplicações, dependendo do que será auditado. Elas podem ser realizadas em organizações, em locais, apenas em produtos, em processos ou em sistemas de gestão. No Quadro 9.1 a seguir, veremos alguns tipos de auditorias ambientais.

Quadro 9.1 – Alguns tipos de auditorias

Tipo	Objetivos	Principais instrumentos de referência
Auditoria de conformidade	Verificar o grau de conformidade com a legislação ambiental.	Legislação ambiental; Licenças e processos de licenciamentos; Termos de ajustamento;

(continua)

(Quadro 9.1 – continuação)

Tipo	Objetivos	Principais instrumentos de referência
Auditoria de desempenho ambiental	Avaliar o desempenho de unidades produtivas em relação à geração de poluentes e ao consumo de energia e materiais, bem como aos objetivos definidos pela organização.	Legislação ambiental; Acordos voluntários subscritos; Normas técnicas; Normas da própria organização.
Due diligence	Verificação das responsabilidades de uma empresa perante acionistas, credores, fornecedores, clientes, governos e outras partes interessadas.	Legislação ambiental, trabalhista, societária, tributária, civil, comercial etc.; Contrato social, acordos com acionistas e empréstimos; Títulos de propriedade e certidões negativas.
Auditoria de desperdícios e de emissões	Avaliar os desperdícios e seus impactos ambientais e econômicos com vistas às melhorias em processos ou equipamentos específicos.	Legislação ambiental; Normas técnicas; Fluxogramas e rotinas operacionais; Códigos e práticas do setor.
Auditorias pós-acidente	Verificar as causas do acidente, identificar as responsabilidades e avaliar os danos.	Legislação ambiental e trabalhista; Acordos voluntários subscritos; Normas técnicas; Plano de emergência; Normas da organização e programas de treinamento.

(Quadro 9.1 – conclusão)

Tipo	Objetivos	Principais instrumentos de referência
Auditoria de fornecedor	Avaliar o desempenho de fornecedores atuais e selecionar novos. Selecionar fornecedores para projetos conjuntos.	Legislação ambiental; Acordos voluntários subscritos; Normas técnicas; Normas da própria empresa; Demonstrativos contábeis dos fornecedores; Licença, certificações e premiações.
Auditoria de sistema de gestão ambiental	Avaliar o desempenho do sistema de gestão ambiental, seu grau de conformidade com os requisitos da norma utilizada e se está de acordo com a política da empresa.	Normas que especificam os requisitos do SGA (ISO 14001, Emas etc.); Documentos e registros do SGA; Critérios de auditoria do SGA.

Fonte: Barbieri, 2007, p. 214.

A primeira auditoria ambiental no Brasil aconteceu no início dos anos 1990, por meio da legislação. Mais tarde, a Associação Brasileira de Normas Técnicas (ABNT), mais precisamente em dezembro de 1996, divulgou normas específicas para a auditoria ambiental, que foram as NBR ISO 14010, 14011 e 14012. Em 2002, essas normas foram substituídas pela ISO 19011, que serve para auditar o sistema de gestão ambiental como o sistema de gestão da qualidade relacionada com as normas da série ISO 9000.

(9.3) Auditoria do sistema de gestão ambiental conforme ISO 19011:2002

De acordo com Barbieri (2007, p. 216), "a auditoria do Sistema de Gestão Ambiental (SGA) procura avaliar o desempenho do SGA em conformidade com a política ambiental e o cumprimento dos objetivos e metas propostos".

Tipos de auditorias

As auditorias podem ser classificas em internas e externas, podendo ser ainda auditorias de primeira, segunda ou terceira parte, conforme podemos verificar na Figura 9.1.

Figura 9.1 – *Auditorias de Sistemas de Gestão Ambiental – tipos*

Auditoria do SGA	1. INTERNAS – Também chamadas de AUDITORIAS DE PRIMEIRA PARTE. São conduzidas pela própria organização, ou em seu nome, para propósitos internos e podem formar a base para a autodeclaração de conformidade com os requisitos do sistema.
	2. EXTERNAS – AUDITORIAS DE SEGUNDA PARTE: conduzidas pelas partes que têm interesse pela organização, tais como clientes, ou por outras pessoas em seu nome. Auditorias de terceira parte: conduzidas por organizações externas independentes. Tais organizações fornecem certificados ou registros de conformidade com requisitos constantes em documentos normativos, como os das normas NBR ISO 9001 e NBR ISO 14001

FONTE: BARBIERI, 2007, P. 217.

Princípios de auditoria

Conforme a norma NBR ISO 19011:2002 (ABNT, 2002), a confiança em alguns princípios deve ser uma característica da auditoria. "Eles fazem da auditoria uma ferramenta eficaz e confiável em apoio a políticas de gestão e controles, fornecendo informações sobre as quais uma organização pode agir para melhorar seu desempenho".

A norma NBR ISO 19011:2002 (ABNT, 2002) considera certos princípios como prerrequisitos que todo auditor deve ter para poder exercer suas atividades:

a) CONDUTA ÉTICA: *o fundamento do profissionalismo.*
Confiança, integridade, confidencialidade e discrição são essenciais para auditar.
b) APRESENTAÇÃO JUSTA: *a obrigação de reportar com veracidade e exatidão.*
Constatações de auditoria, conclusões de auditoria e relatórios de auditoria refletem verdadeiramente e com precisão as atividades da auditoria. Obstáculos significantes encontrados durante a auditoria e opiniões divergentes não resolvidas entre a equipe de auditoria e o auditado são relatados.

c) DEVIDO CUIDADO PROFISSIONAL: *a aplicação de diligência e julgamento na auditoria. Auditores praticam o cuidado necessário considerando a importância da tarefa que eles executam e a confiança colocada neles pelos clientes de auditoria e outras partes interessadas. Ter a competência necessária é um fator importante.*

Outros princípios se relacionam à auditoria, que é por definição independente e sistemática.

d) INDEPENDÊNCIA: *a base para a imparcialidade da auditoria e objetividade das conclusões de auditoria.*

Auditores são independentes da atividade a ser auditada e são livres de tendência e conflito de interesse. Auditores mantêm um estado de mente aberta ao longo do processo de auditoria para assegurar que as constatações e conclusões de auditoria serão baseadas somente nas evidências de auditoria.

e) ABORDAGEM BASEADA EM EVIDÊNCIA: *o método racional para alcançar conclusões de auditoria confiáveis e reproduzíveis em um processo sistemático de auditoria.*

Evidência de auditoria é verificável. É baseada em amostras das informações disponíveis, uma vez que uma auditoria é realizada durante um período finito de tempo e com recursos finitos. O uso apropriado de amostragem está intimamente relacionado com a confiança que pode ser colocada nas conclusões de auditoria.

A orientação fornecida nas seções restantes desta Norma está baseada nesses princípios.

Objetivos da auditoria

Os objetivos de um programa de auditoria precisam ser estabelecidos para que se possa fazer um planejamento e sua realização. Esses objetivos podem estar baseados em:

- prioridades da direção;
- intenções comerciais;
- requisitos de sistema de gestão;
- requisitos estatutários, regulamentares e contratuais;
- necessidade de avaliação de fornecedor;
- requisitos de cliente;
- necessidades de outras partes interessadas;
- riscos para organização.

Abrangência da auditoria

Conforme a norma, o programa de auditoria será influenciado em sua abrangência de acordo com o tamanho, a natureza e a complexidade da organização. A norma (ABNT, 2002) ainda cita outros fatores, tais como:

a) *escopo, objetivo e duração de cada auditoria;*
b) *frequência das auditorias;*
c) *número, importância, complexidade, semelhança e localização das atividades a serem auditadas;*
d) *requisitos normativos, estatutários, regulamentares e contratuais e outros critérios de auditoria;*
e) *necessidade para credenciamento ou registro/certificação;*
f) *conclusões de auditorias ou de análise crítica anterior;*
g) *qualquer questão relativa a idioma, cultural e social;*
h) *preocupações das partes interessadas;*
i) *mudanças significativas para uma organização ou suas operações.*

Auditores e certificação de auditores

A norma NBR ISO 19011:2002, na seção 7, recomenda que o auditor tenha alguns atributos considerados essenciais para que os princípios citados na seção 4 sejam cumpridos. Essa norma considera que o auditor precisa ser uma pessoa ética, com a mente aberta a ideias alternativas. Ele deve ser diplomático, observador, perceptivo, versátil, persistente, decidido e autoconfiante. Além disso, deve ter conhecimento e habilidades genéricas e específicas.

Conforme Barbieri (2007, p. 232), os conhecimentos e as habilidades específicas se relacionam aos temas tratados pelo sistema de gestão ambiental, entre eles:

- métodos e técnicas de gestão ambiental, como terminologia ambiental, princípios e ferramentas de gestão;
- ciência e tecnologia ambientais que permitam ao auditor compreender as relações fundamentais entre as atividades humanas e o meio ambiente, incluindo métodos gerais de proteção ambiental, gestão de recursos naturais, impactos das atividades humanas;
- aspectos técnicos e ambientais de operações que permitam compreender as interações das atividades, produtos, serviços e operações da organização auditada com o meio ambiente, incluindo, por exemplo, aspectos e impactos ambientais, técnicas de monitoramento e medição e tecnologias para a prevenção da poluição.

Auditorias com busca de certificação do SGA devem ser conduzidas por auditores que, conforme Barbieri (2007, p. 233), atendam aos critérios estabelecidos em normas do Instituto Nacional de Metrologia, Normalização e Qualidade Industrial (Inmetro), órgão acreditador do Sinmetro. Um auditor com registro e certificação para realizar as auditorias deve possuir os seguintes atributos e habilidades:

- facilidade em expressar conceitos e ideias verbalmente e por escrito, de forma clara;
- facilidade de relacionamento interpessoal com diplomacia, tato e habilidade para ouvir;
- objetividade e ter dependência a fim de permitir a realização das responsabilidades do auditor;
- senso de organização;
- julgamento baseado em evidências;
- compreensão e estar acessível às convenções e cultura do país ou região em que a auditoria for realizada;
- habilidade analítica e tenacidade;
- habilidade em resolver situações de tensão.

Atividades de auditoria

A Figura 9.2 mostra, de forma resumida, o planejamento e o gerenciamento das atividades de auditoria, conforme o requisito 6.0 da norma ISO 19011:2002.

Figura 9.2 – Visão geral das atividades típicas de auditoria

INICIANDO A AUDITORIA
- designando o líder da equipe da auditoria
- definindo objetivos, escopo e critério da auditoria
- determinando a viabilidade da auditoria
- selecionando a equipe da auditoria
- estabelecendo contato inicial com o auditado

↓

REALIZANDO ANÁLISE CRÍTICA DE DOCUMENTOS
- analisando criticamente documentos pertinentes ao sistema de gestão, incluindo registros, e determinando sua adequação com respeito ao critério da auditoria.

↓

PREPARANDO AS ATIVIDADES DA AUDITORIA NO LOCAL
- preparando o plano da auditoria
- designando trabalho para a equipe de auditoria
- preparando documentos de trabalho

↓

CONDUZINDO ATIVIDADES DA AUDITORIA NO LOCAL
- conduzindo a reunião de abertura
- comunicação durante a auditoria
- funções e responsabilidade de guias e observadores
- coletando e verificando informações
- gerando constatações da auditoria
- preparando conclusões da auditoria
- conduzindo a reunião de encerramento

↓

PREPARANDO, APROVANDO E DISTRIBUINDO O RELATÓRIO DA AUDITORIA
- preparando o relatório da auditoria
- aprovando e distribuindo o relatório da auditoria

↓

CONCLUINDO A AUDITORIA
Resultados de análises críticas do programa de auditoria podem conduzir a ações corretivas e preventivas e à melhoria do programa de auditoria.

↓ (1)

Conduzindo ações de acompanhamento de auditoria.

FONTE: ABNT, 2002.
NOTA: (1) AS LINHAS PONTILHADAS INDICAM QUE NORMALMENTE QUAISQUER AÇÕES DE ACOMPANHAMENTO DE AUDITORIA NÃO SÃO CONSIDERADAS PARTE DESTA.

Divulgação dos resultados

Conforme a norma NBR ISO 19011:2002, o relatório da auditoria deve ser entregue aos receptores designados pelo cliente desta. O relatório é de propriedade do cliente e convém que todos respeitem e mantenham a sua confidencialidade. A menos que seja requerido por lei, é adequado que os documentos sejam retidos e destruídos de acordo com as partes participantes e em conformidade com os regulamentos contratuais firmados.

(.) Ponto final

Vimos neste capítulo que as auditorias ambientais tiveram início na década de 1970, nos Estados Unidos. Atualmente, existem vários tipos de auditorias ambientais com focos específicos. No Brasil, a auditoria utilizada conforme a legislação é a NBR ISO 19011:2002. Vimos também que a auditoria do SGA pode ser interna, quando é conduzida pela própria organização, ou externa, quando é conduzida pelas partes que têm interesse (cliente ou outras pessoas em seu nome) ou por organizações externas independentes.

Indicação cultural

Para complementar o nosso estudo, sugerimos o livro *Auditoria ambiental – uma ferramenta de gestão*, no qual o assunto é exposto de forma clara e objetiva para a utilização da auditoria ambiental como uma ferramenta de gestão.

CAMPOS, L. M. de S.; LIRÍPIO, A. de Á. *Auditoria ambiental*: uma ferramenta de gestão. São Paulo: Atlas, 2009.

Atividades

1. Assinale (V) para as alternativas verdadeiras e (F) para as falsas.
   ( ) No final da década de 1980, as auditorias passaram a ser uma ferramenta de gestão comum nos países subdesenvolvidos, tanto nas empresas internacionais como nas nacionais.
   ( ) Avaliar os desperdícios e os seus impactos ambientais e econômicos com vistas às melhorias em processos ou equipamentos específicos define os objetivos das auditorias de conformidade.

( ) As auditorias de primeira parte são conduzidas pela própria organização, ou em seu nome, para propósitos internos, e podem formar a base para a autodeclaração de conformidade com os requisitos do sistema.

( ) A norma NBR ISO 19011:2002 define o auditor como uma pessoa que possua atributos pessoais e que possa trabalhar com ética, com uma mente aberta ou disposição para considerar ideias ou pontos de vista alternativos, seja diplomático, observador, perceptivo, versátil, tenaz, decidido e autoconfiante.

( ) Para as empresas que buscam a certificação do SGA, as auditorias devem ser conduzidas por auditores que atendam aos critérios estabelecidos em normas do Inmetro, órgão acreditador do Sinmetro.

Indique a sequência correta:
a. V, V, F, V, V.
b. F, V, F, V, F.
c. F, F, V, V, V.
d. V, V, V, V, F.

(**10**)

Estudo de impacto ambiental

Rosane Regina Pilger

Neste último capítulo, veremos o que é impacto ambiental, o que a legislação brasileira exige para abertura de uma empresa na questão ambiental, no que consiste um estudo de impacto ambiental, o que deve constar em seu relatório e o tempo de validade de uma licença ambiental.

(10.1) Definições

O estudo dos impactos ambientais é fundamental para identificar os resultados das atividades em curso, que podem vir a ocorrer no futuro por consequência de novos produtos, novos serviços e novas atividades. Também é um instrumento de gestão ambiental imprescindível para promover qualquer melhoria dos sistemas produtivos em matéria ambiental.

Por isso, o Conselho Nacional do Meio Ambiente (Conama), por meio da Resolução nº 001, de 23 de janeiro de 1986 (Brasil, 1986), estabeleceu os critérios básicos e as diretrizes para o uso e implementação do Estudo do Impacto Ambiental (EIA), considerando impacto ambiental

> [...] *qualquer alteração das propriedades físicas, químicas e biológicas do meio ambiente causada por qualquer forma de matéria ou energia resultante das atividades humanas que direta ou indiretamente, afetam:*
> *I – a saúde, a segurança e o bem-estar da população;*
> *II – as atividades sociais e econômicas;*
> *III – a biota;*
> *IV – as condições estéticas e sanitárias do meio ambiente; e*
> *V – a qualidade dos recursos ambientais.*

Com base na definição do que é impacto ambiental, por meio da Resolução do Conama nº 237, de 19 dezembro de 1997, foi definido que

> *Estudos Ambientais: são todos e quaisquer estudos relativos aos aspectos ambientais relacionados à localização, instalação, operação e ampliação de uma atividade ou empreendimento, apresentado como subsídio para a análise da licença requerida, tais como: relatório ambiental, plano e projeto de controle ambiental, relatório ambiental preliminar, diagnóstico ambiental, plano de manejo, plano de recuperação de área degradada e análise preliminar de risco.* (Brasil, 1997)

No Quadro 10.1, estão listadas as atividades que a Resolução do Conama nº 001/1986, art. 2º, aponta como as que mais interferem e modificam o meio ambiente e, portanto, para implantação necessitam da elaboração de um Estudo de Impacto Ambiental (EIA) e um Relatório de Impacto sobre o Meio Ambiente (Rima).

Quadro 10.1 – Atividades que mais causam impacto no meio ambiente

> I – Estradas de rodagem com duas ou mais faixas de rolamento;
> II – Ferrovias;
> III – Portos e terminais de minério, petróleo e produtos químicos;
> IV – Aeroportos, conforme definidos pelo inciso 1, artigo 48, do Decreto-Lei nº 32, de 18/11/1966;
> V – Oleodutos, gasodutos, minerodutos, troncos coletores e emissários de esgotos sanitários;

(continua)

(Quadro 10.1 – conclusão)

VI – Linhas de transmissão de energia elétrica, acima de 230 KV;
VII – Obras hidráulicas para exploração de recursos hídricos, tais como: barragem para fins hidrelétricos, acima de 10 MW, de saneamento ou de irrigação, abertura de canais para navegação, drenagem e irrigação, retificação de cursos de água, abertura de barras e embocaduras, transposição de bacias, diques;
VIII – Extração de combustível fóssil (petróleo, xisto, carvão);
IX – Extração de minério, inclusive os da classe II, definidas no Código de Mineração;
X – Aterros sanitários, processamento e destino final de resíduos tóxicos ou perigosos;
XI – Usinas de geração de eletricidade, qualquer que seja a fonte de energia primária, acima de 10MW;
XII – Complexo e unidades industriais e agroindustriais (petroquímicos, siderúrgicos, cloroquímicos, destilarias de álcool, hulha, extração e cultivo de recursos hídricos);
XIII – Distritos industriais e zonas estritamente industriais (ZEI);
XIV – Exploração econômica de madeira ou de lenha, em áreas acima de 100 hectares ou menores, quando atingir áreas significativas em termos percentuais ou de importância do ponto de vista ambiental;
XV – Projetos urbanísticos, acima de 100 ha. ou em áreas consideradas de relevante interesse ambiental a critério da Sema e dos órgãos municipais e estaduais competentes;
XVI – Qualquer atividade que utilize carvão vegetal, em quantidade superior a dez toneladas por dia.

Fonte: Brasil ,1986.

(10.2) Licenciamento ambiental

Por meio da Resolução Conama n° 237/1997, todo empreendimento ou atividade que utilize recursos ambientais, que seja potencialmente poluidora ou, ainda, que seja capaz, de alguma forma, de causar degradação ambiental necessita de um prévio licenciamento de operação de um órgão ambiental competente.

Para a obtenção da licença ambiental, deverá ser realizado um estudo prévio de EIA e o Rima. Por depender do nível da abrangência do impacto, o licenciamento ambiental está previsto em vários níveis de competência pública (municipal, estadual e federal). Conforme a resolução Conama nº 237/1997, existem três modalidades de licenças: licença prévia, licença de instalação e licença de operação.

1. LICENÇA PRÉVIA (LP) – Consiste na primeira fase do licenciamento ambiental. Conforme o art. 8º da Resolução Conama nº 237/1997, é concedida a LP "[...] na fase preliminar do planejamento do empreendimento ou atividade aprovando sua localização e concepção, atestando a viabilidade ambiental e estabelecendo os requisitos básicos e condicionantes a serem atendidos nas próximas fases de sua implementação" (Brasil, 1997).
2. LICENÇA DE INSTALAÇÃO (LI) – Corresponde à segunda fase do licenciamento ambiental. Nessa fase, o órgão responsável "autoriza a instalação do empreendimento ou atividade de acordo com as especificações constantes dos planos, programas e projetos aprovados, incluindo as medidas de controle ambiental e demais condicionantes, da qual constituem motivo determinante" (Brasil, 1997).
3. LICENÇA DE OPERAÇÃO (LO) – É a última fase do licenciamento ambiental. O órgão responsável "autoriza a operação da atividade ou empreendimento, após a verificação do efetivo cumprimento do que consta das licenças anteriores, com as medidas de controle ambiental e condicionantes determinados para a operação" (Brasil, 1997).

Conforme Barbieri (2007, p. 295), as licenças ambientais têm um prazo de validade. Esse prazo consta na Resolução Conama nº 237/1997 e possui uma variação de acordo com o tipo de licença.

Quadro 10.2 – Licenças ambientais – prazos de validade

TIPO DE LICENÇA	PRAZOS	
	MÁXIMO	MÍNIMO
Licença prévia	5 anos	Prazo estabelecido pelo cronograma dos planos, programas e projetos relativos à atividade ou ao empreendimento. Esse prazo poderá ser prorrogado, desde que não ultrapasse o prazo máximo da respectiva licença.
Licença de instalação	6 anos	

(continua)

(Quadro 10.2 – conclusão)

Tipo de licença	Prazos	
	Máximo	Mínimo
Licença de operação	10 anos	Mínimo de quatro anos ou o prazo considerado nos planos de controle ambiental. Prazos específicos para empreendimentos ou atividades sujeitos a encerramentos ou modificações em prazos inferiores.

Fonte: Brasil, 1997.

De acordo com a Resolução Conama nº 237/1997, art. 19:

O órgão ambiental competente, mediante decisão motivada, poderá modificar os condicionantes e as medidas de controle e adequação, suspender ou cancelar uma licença expedida, quando ocorrer:
I – Violação ou inadequação de quaisquer condicionantes ou normas legais.
II – Omissão ou falsa descrição de informações relevantes que subsidiaram a expedição da licença.
III – superveniência de graves riscos ambientais e de saúde. (Brasil, 1997)

Os principais documentos exigidos em processos de licenciamento ambiental no Brasil são: Estudos de Impactos Ambientais e Relatório de Impacto Ambiental (EIA/Rima), Plano de Controle Ambiental e Relatório de Controle Ambiental (PCA/RCA) e o Plano de Recuperação de Áreas Degradadas (Prad). Vejamos o que é cada um deles:

- Estudos de Impactos Ambientais acompanhado do Relatório de Impacto Ambiental (EIA/Rima) – É exigido o estudo de impacto ambiental para licenciamento, empreendimentos e atividades listados no art. 2º da Resolução do Conama nº 001/1986, como já citamos neste capítulo. Esse estudo consiste em um diagnóstico ambiental completo sobre a área de influência do projeto; uma análise dos impactos ambientais do projeto e suas alternativas; as ações mitigadoras sobre os impactos negativos e um programa de acompanhamento e monitoramento dos impactos com os fatores e parâmetros a serem considerados.

O Rima deve conter todo estudo do EIA de modo conclusivo, identificando se o projeto é ou não nocivo ao meio ambiente e em que proporção. Deve ser elaborado de forma objetiva e adequado para a compreensão de pessoas leigas, sendo disponibilizada para entidades e comunidades interessadas.

- PLANO DE CONTROLE AMBIENTAL ACOMPANHADO DO RELATÓRIO DE CONTROLE AMBIENTAL (PCA/RCA) – Consiste no programa que apresenta todas as ações e medidas para minimizar e compensar os impactos ambientais levantados no EIA. Ele deve ser apresentado com a solicitação da Licença de Instalação (LI).
- PLANO DE RECUPERAÇÃO DE ÁREAS DEGRADADAS (PRAD) – O Decreto nº 97.632, de 10 de abril de 1989, art. 2, considera como "[...] degradação os processos resultantes dos danos ao meio ambiente, pelos quais se perdem ou se reduzem algumas de suas propriedades, tais como, a qualidade ou capacidade produtiva dos recursos ambientais" (Brasil, 1989). Esse mesmo decreto, em seu art. 1º, define que:

> Os empreendimentos que se destinam à exploração de recursos minerais deverão, quando da apresentação do Estudo de Impacto Ambiental – EIA e do Relatório de Impacto Ambiental – Rima, submeter à aprovação do órgão ambiental competente, plano de recuperação de área degradada. (Brasil, 1989)

Dias (2006, p. 65) comenta que a demora para a obtenção da licença ambiental gera uma grande insatisfação dos empresários brasileiros. Pesquisa realizada pela Confederação Federal da Indústria (CNI), entre março e abril de 2004, indicou os principais problemas existentes no relacionamento entre as empresas e os órgãos públicos. Foram pesquisadas 1.007 pequenas e médias empresas e 221 grandes em todo o Brasil. Das que solicitaram o licenciamento, 74,5% das grandes organizações e 71,5% das pequenas e médias empresas enfrentaram alguma dificuldade na sua obtenção. No Gráfico 10.1, podemos observar os principais motivos.

Gráfico 10.1 – Principais dificuldades enfrentadas pelas indústrias no processo de licenciamento ambiental

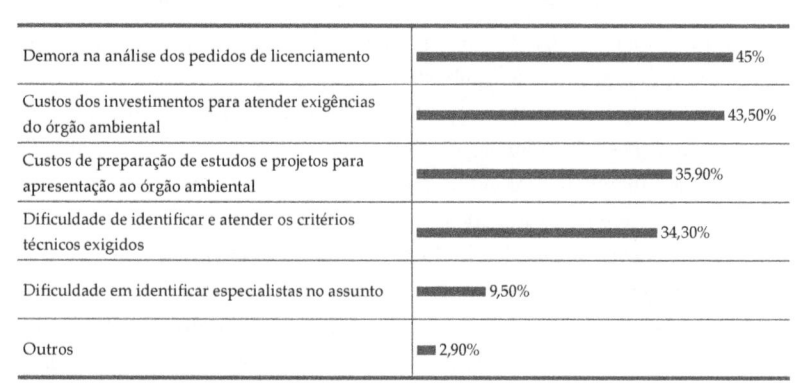

Dificuldade	%
Demora na análise dos pedidos de licenciamento	45%
Custos dos investimentos para atender exigências do órgão ambiental	43,50%
Custos de preparação de estudos e projetos para apresentação ao órgão ambiental	35,90%
Dificuldade de identificar e atender os critérios técnicos exigidos	34,30%
Dificuldade em identificar especialistas no assunto	9,50%
Outros	2,90%

FONTE: DIAS, 2006, P. 65.

(10.3) Conteúdo do estudo de impacto ambiental (EIA)

Na Resolução Conama nº 001/1986, art. 6º, consta que o estudo do impacto ambiental deverá ser desenvolvido, no mínimo, com as atividades técnicas, conforme vemos a seguir.

Atividades técnicas que devem ser desenvolvidas em um estudo de impacto ambiental (EIA)

I – Diagnóstico ambiental da área de influência do projeto, completa descrição e análise dos recursos ambientais e suas interações, tal como existem, de modo a caracterizar a situação ambiental da área, antes da implantação do projeto, considerando:
a) o meio físico – o subsolo, as águas, o ar e o clima, destacando os recursos minerais, a topografia, os tipos e aptidões do solo, os copos d'água, o regime hidrológico, as correntes marinhas, as correntes atmosféricas;
b) o meio biológico e os ecossistemas naturais – a fauna e a flora, destacando as espécies indicadoras da qualidade ambiental, de valor científico e econômico, raras e ameaçadas de extinção e as áreas de preservação permanente;
c) o meio socioeconômico – o uso e a ocupação do solo, os usos da água e a socioeconomia, destacando os sítios e monumentos arqueológicos, históricos e culturais da comunidade, as relações de dependência entre a sociedade local, os recursos ambientais e a potencial utilização futura desses recursos.
II – Análise dos impactos ambientais do projeto e de suas alternativas, através de identificação, previsão da magnitude e interpretação da importância dos prováveis impactos relevantes, discriminando: os impactos positivos e negativos (benéficos e adversos), diretos e indiretos, imediatos e a médio e longo prazos, temporários e permanentes; seu grau de reversibilidade; suas propriedades cumulativas e sinérgicas; a distribuição dos ônus e benefícios sociais.
III – Definição das medidas mitigadoras dos impactos negativos, entre elas os equipamentos de controle e sistemas de tratamento de despejos, avaliando a eficiência de cada uma delas.
IV – Elaboração do programa de acompanhamento e monitoramento (os impactos positivos e negativos, indicando os fatores e parâmetros a serem considerados.

> Parágrafo único – Ao determinar a execução do estudo de impacto ambiental, o órgão estadual competente, ou o Ibama ou, quando couber, o município, ficará as instruções adicionais que se fizerem necessárias, pelas peculiaridades do projeto e características ambientais da área.

Fonte: Brasil,1986.

(10.4) Responsabilidades de elaboração do EIA

Conforme a Resolução Conama nº 237/1997, art. 11, os estudos necessários para o processo de licenciamento deverão ser realizados por profissionais legalmente habilitados e as despesas devem ser por conta do empreendedor. Sendo as informações apresentadas de responsabilidade tanto do profissional como do empreendedor, sujeitos às sanções administrativas, civis e penais.

(10.5) Relatório de impacto ambiental (Rima)

Como já abordado no Item 10.2 deste capítulo, o Rima deve expressar todos os trabalhos realizados no EIA de forma conclusiva, trazendo uma avaliação valorativa que identifique se o projeto é ou não nocivo ao meio ambiente e em que grau. Medidas mitigadoras para os impactos negativos e seus programas de acompanhamento e monitoramento. De acordo com a Resolução Conama nº 001/1986, art. 9º, o relatório deverá conter no mínimo os oito itens, conforme vemos a seguir.

> *Itens que devem constar no Relatório de Impacto Ambiental (Rima)*
>
> I – Os objetivos e justificativas do projeto, sua relação e compatibilidade com as políticas setoriais, planos e programas governamentais;
> II – A descrição do projeto e suas alternativas tecnológicas e locacionais, especificando para cada um deles, nas fases de construção e operação, a área de influência, as matérias-primas e a mão de obra, as fontes de energia, os

processos e técnica operacionais, os prováveis efluentes, emissões, resíduos de energia, os empregos diretos e indiretos a serem gerados;

III – A síntese dos resultados dos estudos de diagnósticos ambiental da área de influência do projeto;

IV – A descrição dos prováveis impactos ambientais da implantação e operação da atividade, considerando o projeto, suas alternativas, os horizontes de tempo de incidência dos impactos e indicando os métodos, técnicas e critérios adotados para sua identificação, quantificação e interpretação;

V – A caracterização da qualidade ambiental futura da área de influência, comparando as diferentes situações da adoção do projeto e suas alternativas, bem como com a hipótese de sua não realização;

VI – A descrição do efeito esperado das medidas mitigadoras previstas em relação aos impactos negativos, mencionando aqueles que não puderam ser evitados, e o grau de alteração esperado;

VII – O programa de acompanhamento e monitoramento dos impactos;

VIII – Recomendação quanto à alternativa mais favorável (conclusões e comentários de ordem geral);

Parágrafo único – O Rima deve ser apresentado de forma objetiva e adequada a sua compreensão. As informações devem ser traduzidas em linguagem acessível, ilustradas por mapas, cartas, quadros, gráficos e demais técnicas de comunicação visual, de modo que se possam entender as vantagens e desvantagens do projeto, bem como todas as consequências ambientais de sua implementação.

Fonte: Brasil ,1986.

(10.6) Divulgação do EIA/Rima

Conforme o art. 11 da Resolução Conama n° 001/1986, salvo haja uma restrição devido a sigilo industrial, cabendo ao interessado a solicitação e demonstração do motivo, o relatório do Rima será acessível ao público. Suas cópias ficarão disponíveis aos interessados nos centros de documentação ou em bibliotecas da Secretaria do Meio Ambiente (Sema). Os órgãos públicos que manifestarem interesse receberão cópia do relatório para conhecimento e manifestação. Por fim, caso julguem necessário, órgãos públicos poderão promover a realização de audiência pública para informação sobre o projeto e seus impactos ambientais e do Rima.

(.) Ponto final

A Resolução nº 001/1986 do Conama define que o impacto ambiental consiste em qualquer alteração das propriedades físicas, químicas e biológicas do meio ambiente e, por meio da Resolução Conama nº 237/1997, exige que seja realizado um EIA relacionado à localização e à instalação, para que seja implantada uma operação ou ampliação de uma atividade ou empreendimento. Só mediante esse estudo, a emissão do Rima e atendidas as exigências, é concedido o licenciamento para abertura ou ampliação do empreendimento.

Indicação cultural

Para complementar o nosso estudo, sugerimos o *site* da Eco Terra Brasil, que trata de assuntos de legislação ambiental, bem como disponibiliza para consulta legislações ambientais.

REVISTA ECOTERRA BRASIL. Disponível em: <http://www.ecoterrabrasil.com.br>. Acesso em: 13 mar. 2012.

Atividades

1. Analise as sentenças a seguir e, em seguida, assinale a resposta correta:
   I. Como subsídios para a análise de uma licença são requeridos: relatório ambiental, plano e projeto de controle ambiental, relatório ambiental preliminar, diagnóstico ambiental, plano de manejo, plano de recuperação de área degradada e análise preliminar de risco.
   II. Aterros sanitários, processamento e destino final de resíduos tóxicos ou perigosos são atividades que causam pouco impacto no meio ambiente.
   III. Conforme a Resolução Conama nº 237/1997, a Licença Prévia (LP) consiste na primeira fase do licenciamento ambiental.
   IV. O Rima deve expressar somente alguns trabalhos realizados no EIA como uma prévia, trazendo uma avaliação valorativa que identifique se o projeto é ou não nocivo ao meio ambiente e em que grau.

   a. Somente I, II e III estão corretas.
   b. Somente II, III e IV estão corretas.
   c. Somente I e III estão corretas.
   d. Todas estão corretas.
   e. Nenhuma está correta.

Referências

AMORIM, A. de; LARA, M. da S. *Como é destruída a camada de ozônio?* Disponível em: <http://www.grupoescolar.com/pesquisa/como-e-destruida-a-camada-de-ozonio.html>. Acesso em: 9 mar. 2012.

ARAÚJO, T. C. D. *Principais marcos históricos mundiais da educação ambiental*. Disponível em: <www.egov.ufsc.br/sites/default/files/anexos/26530-26532-1-1PB.PDF> Acesso em: 9 mar. 2009.

ABNT – Associação Brasileira de Normas Técnicas. *NBR ISO 14001-2004*: sistemas de gestão ambiental – requisitos com orientação para uso. Rio de Janeiro, 2004.

_____. *NBR ISO 19011-2002*: diretrizes para a auditoria de sistemas de gestão da qualidade e/ou ambiental. Rio de Janeiro, 2002.

AMDA – Associação Mineira de Defesa do Ambiente. *Ferrovia Centro Atlântica é condenada por degradação ambiental*. Disponível em: <http://www.amda.org.br/base/sp-nw?nid=1696>. Acesso em: 18 mar. 2009.

BADER, P. Sustentabilidade: do modelo à implementação. *Goethe Institut*, mar. 2008. Disponível em: <http://www.goethe.de/ges/umw/dos/nac/den/pt3106180.htm>. Acesso em: 9 mar. 2012.

BARBIERI, J. C. *Gestão ambiental empresarial*: conceitos, modelos e instrumentos. São Paulo: Saraiva, 2007.

BRASIL. Decreto n. 4.281, de 25 de junho de 2002. *Diário Oficial da União*, Poder Executivo, Brasília, 26 jun. 2002. Disponível em: <http://www6.senado.gov.br/legislacao/ListaPublicacoes.action?id=234892&tipoDocumento=DEC&tipoTexto=PUB>. Acesso em: 9 mar. 2012.

_____. Decreto n. 97.632, de 10 de abril de 1989. *Diário Oficial da União*, Poder Executivo, Brasília, 12 abr. 1989. Disponível em: <http://www.planalto.gov.br/ccivil_03/decreto/1980-1989/D97632.html>. Acesso em: 9 mar. 2012.

BRASIL. Decreto-Lei n. 1.413, de 14 de agosto de 1975. *Diário Oficial da União*, Poder Executivo, Brasília, 14 ago. 1975. Disponível em: <http://www6.senado.gov.br/legislacao/ListaPublicacoes.action?id=122915&tipoDocumento=DEL&tipoTexto=PUB>. Acesso em: 9 mar. 2012.

BRASIL. Lei n. 6.453, de 17 de outubro de 1977. *Diário Oficial da União*, Poder Legislativo, Brasília, 18 out. 1977. Disponível em: <http://www6.senado.gov.br/legislacao/ListaPublicacoes.action?id=124284&tipoDocumento=LEI&tipoTexto=PUB>. Acesso em: 9 mar. 2012.

_____. Lei n. 6.567, de 24 de outubro de 1978. *Diário Oficial da União*, Poder Legislativo, Brasília, 26 out. 1978. Disponível em: <http://www6.senado.gov.br/legislacao/ListaPublicacoes.action?id=124851&tipoDocumento=LEI&tipoTexto=PUB>. Acesso em: 9 mar. 2012.

_____. Lei n. 6.766, de 19 de dezembro de 1979. *Diário Oficial da União*, Poder Legislativo, Brasília, 20 dez. 1979. Disponível em: <http://www6.senado.gov.br/legislacao/ListaPublicacoes.action?id=125757&tipoDocumento=LEI&tipoTexto=PUB>. Acesso em: 9 mar. 2012.

_____. Lei n. 6.803, de 2 de julho de 1980. *Diário Oficial da União*, Poder Legislativo, Brasília, 3 jul. 1980. Disponível em: <http://www6.senado.gov.br/legislacao/ListaPublicacoes.action?id=126083&tipoDocumento=LEI&tipoTexto=PUB>. Acesso em: 9 mar. 2012.

_____. Lei n. 6.902, de 27 de abril de 1981. *Diário Oficial da União*, Poder Legislativo, Brasília, 28 abr. 1981a. Disponível em: <http://www6.senado.gov.br/legislacao/ListaPublicacoes.action?id=124284&tipoDocumento=LEI&tipoTexto=PUB>. Acesso em: 9 mar. 2012.

_____. Lei n. 6.938, de 31 de agosto de 1981. *Diário Oficial da União*, Poder Legislativo, Brasília, 2 ago. 1981b. Disponível em: <http://www.cetesb.sp.gov.br/licenciamento/legislacao/federal/leis/1981_Lei_Fed_6938.pdf>. Acesso em: 9 mar. 2012.

_____. Lei n. 9.795, de 27 de abril de 1999. *Diário Oficial da União*, Poder Legislativo, Brasília, 28 abr. 1999. Disponível em: <http://www.planalto.gov.br/ccivil_03/Leis/L9795.html>. Acesso em: 9 mar. 2012.

_____. Lei n. 9.985, de 18 de julho de 2000. *Diário Oficial da União*, Poder Legislativo, Brasília, 19 jul. 2000. Disponível em: <http://www.planalto.gov.br/ccvil_03/Leis/L9985.html>. Acesso em: 9 mar. 2012.

BRASIL. Ministério da Ciência, Tecnologia e Inovação. *Mecanismo de Desenvolvimento Limpo (MDL)*. Disponível em: <http://www.mcti.gov.br/index.php/content/view/4007.html#lista>. Acesso em: 12 mar. 2013.

BRASIL. Ministério da Saúde. Portaria n. 518, de 25 de março de 2004. *Diário Oficial da União*, Brasília, 26 mar. 2004. Disponível em: <http://www.amae.sc.gov.br?admincenter/lesgilacao/arquivo/25.pdf>. Acesso em: 9 mar. 2012.

BRASIL. Ministério do Meio Ambiente. *Agenda 21 brasileira*: ações prioritárias. Disponível em: <http://www.mma.gov.br/sitio/index.php?ido=conteudo.monta&idEstrutura=18&idConteudo=908>. Acesso em: 9 mar. 2012.

_____. *Documento Agenda 21 da Conferência das Nações Unidas sobre o meio ambiente e desenvolvimento*. Disponível em: <http://mudancasclimaticas.cptec.inpe.br>. Acesso em: 9 mar. 2012.

_____. *Programa nacional de educação ambiental: ProNEA*. 3. ed. Brasília, 2005. Disponível em: <http://portal.mec.gov.br/secad/arquivos/pdf/educacaoambiental/pronea3.pdf>. Acesso em: 9 mar. 2012.

BRASIL. Ministério do Meio Ambiente. Conselho Nacional do Meio Ambiente. Resolução Conama n. 001, de 23 janeiro de 1986. *Diário Oficial da União*, Brasília, 17 fev. 1986.

_____. Ministério do Meio Ambiente. Resolução Conama n. 237, de 19 de dezembro de 1997. *Diário Oficial da União*, Brasília, 22 dez. 1997.

_____. Ministério do Meio Ambiente. Resolução Conama n. 357, de 17 de março de 2005. *Diário Oficial da União*, Brasília, 18 mar. 2005.

BRASIL. Constituição (1988). *Diário Oficial da União*, Brasília, 5 out. 1988.

BROWN, L. R. *Ecoeconomia*: construindo uma economia para a terra. Salvador: UMA, 2003.

CANEDO, A. de M. *Sistema de gestão ambiental nas empresas*. Disponível em: <http://www.cenedcursos.com.br/sistema-de-gestao-ambiental-nas-empresas.html>. Acesso em: 19 mar. 2009.

CNBB – Confederação Nacional dos Bispos do Brasil. *O estado real das águas do Brasil*: 2003/2004. Disponível em: <http://www.acrj.org.br/IMG/doc/doc-82.doc>. Acesso em: 17 jun. 2009.

CNI – Confederação Nacional da Indústria. *Declaração de princípios da indústria para o desenvolvimento sustentável*. Disponível em: <http://www.fiec.org.br/meioambiente/declaracao_cni.asp>. Acesso em: 9 mar. 2012.

CNTL – Centro Nacional de Tecnologias Limpas Senai. *O que é produção mais limpa?* Disponível em: <http://srvprod.sistemafiergs.org.br/portal/page/portal/sfiergs_senai_uos/senairs_uo697/O%20que%20%E9%20Produ%E7%E3o%20mais%20Limpa.pdf>. Acesso em: 21 mar. 2009.

COLOMBO, S. B. O princípio do poluidor-pagador. *Âmbito Jurídico*, ano 9, n. 28, abr. 2006. Disponível em: <http://www.ambito-juridico.com.br/site/index.php?n_link=revista_artigos_leitura&artigo_id=932>. Acesso em: 9 mar. 2012.

DIAS, R. *Gestão ambiental*: responsabilidade social e sustentabilidade. São Paulo: Atlas, 2006.

DONAIRE, D. *Gestão ambiental na empresa*. São Paulo: Atlas, 1999.

FEIJÓ, C. C. C. et al. *A sociedade, meio ambiente e cidadania*. Londrina: Unopar, 2008.

FORATO, C. *Sistemas de gestão ambiental*. Londrina: Unopar, 2008.

FURRIELA, R. B. *Aquecimento global*: somos todos responsáveis. Porto Alegre: Corag, 2007.

GORE, A. *Uma verdade inconveniente*. Barueri: Manole, 2006.

GRAMACHO, W. Ibama multa em R$ 3,9 milhões. *Gazeta Mercantil*, 23 nov. 1995.

GRASSI, M. T. As águas do Planeta Terra. *Química Nova na Escola*, São Paulo, n. 1, p. 31-40, maio 2001. Edição especial. Disponível em: <http://qnesc.sbq.org.br/online/cadernos/01/aguas.pdf>. Acesso em: 9 mar. 2012.

LINHARES, S.; GEWANDSZNAJDER, F. *Biologia hoje*: genética, evolução e ecologia. São Paulo: Ática, 1997. v. 3.

LOUREIRO, W. *Contribuição do ICMS ecológico à*

conservação da biodiversidade no estado do Paraná. 189 f. Tese (Doutorado em Ciências Florestais) – Universidade Federal do Paraná, Curitiba, 2002.

MEADOWS, D. H. et al. *Limites do crescimento*. São Paulo: Perspectiva, 1973.

MEIRA, R. Efeito estufa. *Poluição Atmosférica, Poluição Ambiental*, 2002. Disponível em: <http://www.rudzerhost.com/ambiente/estufa.htm>. Acesso em: 9 mar. 2012.

NUNES, E. Ação ambiental tem efeito educativo para empresas. *Folha de São Paulo*, 21 out. 1995, p. 3-2.

OLIVEIRA, N. de. Empresas envolvidas em desastre ambiental no Rio Paraíba do Sul terão de indenizar pescadores. *EcoDebate*, 14 fev. 2009. Disponível em: <http://www.ecodebate.com.br/2009/02/14/empresas-envolvidas-em-desastre-ambiental-no-rio-paraiba-do-sul-terao-de-indenizar-pescadores>. Acesso em: 9 mar. 2012.

PACHECO, J. W. F. *Produção mais limpa (P+L) e reuso de água na indústria*. Disponível em: <http://homologa.ambiente.sp.gov.br/ea/encontro_agua_1106/paraiba_sul/palestras/Jose_Pacheco.pdf>. Acesso em: 9 mar. 2012

REBOUÇAS, L. *Brasil é referência na América Latina*. Disponível em: <http://pdf.investnews.com.br/pdf/gzm/Relatorios/rel20070605.pdf>. Acesso em: 4 mar. 2009.

RIBEIRO, W. C. Desenvolvimento sustentável e segurança ambiental global. *Biblio 3W: Revista Scripta Nova Electrónica de Geografia y Ciencias Sociales*, Barcelona, n. 312, 14 set. 2001. Disponível em: <http://www.ub.edu/geocrit/b3w-312.htm>. Acesso em: 9 mar. 2012.

SELBOURNE, L. *A ética do uso da água doce:* um levantamento. Brasília: Unesco, 2001.

SERRA, N. Agência ambiental multa Cosipa em R$ 892 mil. *Gazeta Mercantil*, 6 out. 1995, p. A-7.

TAYRA, F. A relação entre o mundo do trabalho e o meio ambiente: limites para o desenvolvimento sustentável. *Scripta Nova: Revista Electrónica de Geografia y Ciencias Sociales*, v. 6, n. 119, 1º ago. 2002. Disponível em: <http://www.ub.es/geocrit/sn/sn119-72.htm>. Acesso em: 9 mar. 2012.

WAISMAN, D. *A consciência ecológica e seus problemas:* uma crítica ao radicalismo ambientalista. Disponível em: <http://www.senado.gov.br/conleg/artigos/politicasocial/AConscienciaEcologica.pdf>. Acesso em: 9 mar. 2012.

ZÔMPERO, A. de F. et al. *Gestão ambiental:* fundamentos lógicos críticos e analíticos. Londrina: Unopar, 2008.

Gabarito

Capítulo 1
b

Capítulo 2
a

Capítulo 3
c

Capítulo 4
c

Capítulo 5
e

Capítulo 6
b

Capítulo 7
d

Capítulo 8
c

Capítulo 9
c

Capítulo 10
c

Impressão: Reproset
Novembro/2021